अस्तित्व

संपादक

नवनीत कुमार शुक्ल

Book   : Astitva

Editor   : Navneet Kumar Shukl

Edition   : 1st (December, 2021)

ISBN   : 978-9391358396

© Composition Authors

Published by

PRACHI
DIGITAL PUBLICATION

Regd. Add.: 254, Khuriyakhatta No. 10, Bindukhatta,
Lalkuan, Nainital - 262402, Uttarakhand, India
Website : www.prachidigital.in
E-mail : info@prachidigital.in
Contact : +91-976041-7980, 976041-8103

Printed by :
Manipal Technologies Limited, Manipal - 576104, Karnataka

अनुक्रमणिका

संपादकीय...

वर्तमान दौर में नारी सशक्तिकरण एक चर्चा का विषय है। खासतौर से पिछड़े और प्रगतिशील देशों में, क्योंकि उन्हें इस बात का काफी बाद में ज्ञान हुआ कि बिना महिलाओं व बेटियों की तरक्की और सशक्तिकरण के देश की तरक्की संभव नही है। विश्व बैंक की एक रिपोर्ट के अनुसार अगर महिलाएँ श्रम में योगदान दें तो भारत की विकास दर दहाई की संख्या में होगी और भारत आर्थिक रूप से एक सशक्त और समृद्ध राष्ट्र होगा। 'चाहे खेल कूद हो अथवा अंतरिक्ष विज्ञान, हमारे देश की महिलाएँ किसी से पीछे नहीं हैं। वे आगे बढ़ रही हैं और अपनी उपलब्धियों से देश का गौरव बढ़ा रही हैं।'

नारी सशक्तिकरण के बिना मानवता का विकास अधूरा है। वैसे अब ये मुद्दा सिर्फ़ नारी सशक्तिकरण का नहीं रह गया, बल्कि नारी को सशक्त, स्वावलंबी बनाने के साथ-साथ नेतृत्व विकास का है। समाज के लोगों को जगाने के लिये महिलाओं और बेटियों का जागृत होना जरुरी है। एकबार जब वो मजबूती से अपना कदम उठा लेती हैं तो परिवार आगे बढ़ता है, गाँव आगे बढ़ता है और सम्पूर्ण राष्ट्र विकास की ओर उन्मुख होता है।

भारत में महिलाओं एवं बेटियों को सशक्त बनाने के लिये सबसे पहले समाज में उनके अधिकारों और मूल्यों का हनन करने वाले उन सभी राक्षसी सोच को मारना जरुरी है जैसे दहेज प्रथा, अशिक्षा, यौन हिंसा, असमानता, भ्रूण हत्या, महिलाओं के प्रति घरेलू हिंसा, बलात्कार, वैश्यावृत्ति, मानव तस्करी और ऐसे ही दूसरे विषय। लैंगिक भेदभाव राष्ट्र में सांस्कृतिक, सामाजिक, आर्थिक और शैक्षिक अंतर ले आता है जो देश को पीछे की ओर धकेलता है। इस तरह की बुराइयों को मिटाने के लिये भारत के संविधान में उल्लिखित समानता के अधिकार को सुनिश्चित करने के लिए महिलाओं को सशक्त बनाना सबसे

प्रभावशाली उपाय है।

महिलाओं एवं बेटियों को सशक्त बनाने के कई तरीके हैं, जैसे- उन्हें शिक्षित करना, निर्णय लेने की आजादी देना, उन्हें अपने कैरियर और कोर्स का चयन करने देना, उन्हें अपनी नौकरी चुनने और स्वयं एवं परिवार के लिए वित्तीय निर्णय लेने का अधिकार देना। बेरोजगार महिलाओं को विशिष्ट कौशल प्रशिक्षण जैसे- खेती और कृषि, कढ़ाई-सिलाई, शिल्प बनाना, शहद की खेती और मछली पालन आदि में प्रशिक्षित किया जा सकता है ताकि उन्हें रोजगारपरक बनाया जा सके। इससे महिलाओं एवं बेटियों में आत्मविश्वास बढ़ेगा फलस्वरूप वह अधिक सशक्त एवं समृद्ध होंगी। इन छोटे-छोटे परिवर्तनों से समाज के साथ-साथ राष्ट्र में भी बड़े बदलाव करने की क्षमता है। महात्मा गाँधी ने कहा था 'जब नारी शिक्षित होती है तो दो परिवार शिक्षित होते हैं।' मैं इसमें यह जोड़ना चाहूँगा कि जब हम किसी नारी को शिक्षित करते हैं तो न केवल दो परिवारों को बल्कि दो पीढ़ियों को शिक्षित करते हैं।'

वर्तमान में भारत सरकार का महात्वाकांक्षी कार्यक्रम 'बेटी बचाओ-बेटी पढ़ाओ' एवं उत्तर प्रदेश सरकार द्वारा नारियों को सशक्त एवं स्वावलंबी बनाने के लिए संचालित 'मिशन शक्ति' अभियान तेज गति से आगे बढ़ रहा है। आज यह सिर्फ सरकारी कार्यक्रम नहीं रहा बल्कि यह एक सामाजिक संवेदना एवं लोक शिक्षा का अभियान बन गया है। 'बेटी बचाओ-बेटी पढ़ाओ' एवं 'मिशन शक्ति' अभियान से प्रेरणा लेकर मेरे मस्तिष्क में नारी सशक्तिकरण की दिशा में समाज को जागरूक करने के उद्देश्य से एक साझा काव्य संग्रह 'अस्तित्व' तैयार करने का विचार आया तथा मैनें यह प्रस्ताव रचनाकार शिक्षकों एवं प्राची डिजिटल पब्लिकेशन के आदरणीय डायरेक्टर राजेन्द्र सिंह विष्ट जी के मध्य रखा। सभी ने इस प्रस्ताव का स्वागत किया तथा यथोचित सहयोग प्रदान किया जिसके फलस्वरूप यह पुस्तक तैयार हो सकी है।

माँ वीणावादिनी की अनुकम्पा एवं आप सभी के स्नेह व सहयोग से भारतवर्ष के चुनिंदा रचनाकारों के कोमल मनोहारी कविताओं से सृजित नारी सशक्तिकरण विशेषांक ''अस्तित्व'' आप सभी पाठकों को समर्पित करते हुए अपार हर्ष की अनुभूति हो रही है। पुस्तक को आकर्षक रूप प्रदान करने में सम्मानित रचनाकारों का अमूल्य रचनात्मक सहयोग रहा है और प्राची डिजिटल पब्लिकेशन के डायरेक्टर 'श्री राजेन्द्र सिंह बिष्ट' जी का यथेष्ट सहयोग प्राप्त हुआ है। आप सभी के प्रति वंदन, अभिनंदन एवं कृतज्ञता व्यक्त करता हूँ क्योंकि आपके सहयोग एवं स्नेहाशीष के बिना ''अस्तित्व'' साझा काव्य संग्रह का प्रकाशन सम्भव नहीं था।

बतौर सम्पादक यह मेरी पाँचवीं पुस्तक है। पुस्तक को तैयार करने में पूर्ण सावधानी बरती गई है फिर भी कुछ मानवीय त्रुटियाँ सम्भव हैं। किसी भी त्रुटि के लिए सभी रचनाकारों,

पाठकों तथा सुधीजनों से क्षमा प्रार्थी हूँ। पुस्तक को आपके हाथों तक पहुँचाने में परोक्ष-अपरोक्ष रूप से जिन साथियों का सहयोग रहा है उन सभी के प्रति भी कृतज्ञता ज्ञापित करता हूँ। उम्मीद है कि नारी सशक्तिकरण विशेषांक 'अस्तित्व' पुस्तक अपनी रोचकता एवं उपयोगिता से समाज को जागरुक करने के साथ-साथ हिन्दी साहित्य जगत को सदैव पल्लवित एवं पुष्पित करती रहेगी। मैं यह विश्वास के साथ कह सकता हूँ कि यह संकलन समस्त पाठकों के लिए अत्यंत ज्ञानवर्धक एवं उपयोगी सिद्ध होगा। आपके अभिमत की प्रतीक्षा रहेगी।

धन्यवाद.....

नवनीत कुमार शुक्ल

(संपादक)

आसिया फ़ारूक़ी

पद	– प्रधानाध्यापक
कार्यरत	– प्राथमिक विद्यालय अस्ती, नगर क्षेत्र, जनपद– फतेहपुर, उत्तर प्रदेश
शिक्षा	– एम0 ए0 (कानपुर विश्वविद्यालय), बीटीसी
मो0 न0	– 9140818635
निवास	– 69/ सैयद वाडा, लाला बाज़ार, फ़तेहपुर – 212601
उपलब्धि	– राज्य शिक्षक पुरस्कार, राज्य मिशन शक्ति–2021 पुरस्कार, आदर्श शिक्षक पुरस्कार, एजुस्टफ–2021 उत्कृष्ट शिक्षक पुरस्कार समेत राज्य स्तर के लगभग 18 से अधिक शैक्षिक पुरस्कार प्राप्त।
गतिविधियां	– राज्य स्तर कहानी सुनाओ प्रतियोगिता की विजेता तथा विभिन्न राष्ट्रीय एवं अंतरराष्ट्रीय पत्र पत्रिकाओं में लेख एवं कविताएं प्रकाशित।
प्रकाशित पुस्तकें	– नन्ही दुनिया का जादुई सफर, किलकारी, अंतर्मन की गूँज साझा संकलन तथा अस्ती की उड़ान, नारी शक्ति एवं बाल संसार पत्रिका की संपादक।

बदल गई नारी

बदल गयी पहचान है,
अबला नहीं महान है।
कुछ करने का अरमान है,
खुला हुआ आसमान है।।

इस देश से उस देश तक,
हर जगह बनी पहचान है।
युगों-युगों से बलिदानी है,
हर वक्त निगहबान है।।

कभी बिकी, लुट गयी कहीं पर,
हर वक्त ही परेशान है।
इसकी क़ीमत समझ सको तो,
हर परिवार की ये शान है।।

कुदरत अगर है नज़्म,
तो औरत ही उनवान है।
सच की ये आवाज़ बनी है,
मंज़िल पे इसका मुकाम है।।

सबको दे देती है खुशियाँ,
पर अंदर से वीरान है।
प्यार से जोभी समझे इसको,
तो यह बड़ी आसान है।।

ॐ आसिया फ़ारूकी

नारी नहीं बेचारी

ज़ुल्म सहेगी ना अब नारी,
मत समझो इसको बेचारी ।
घर, बाहर ये कभी न हारी ,
हर बाधा पर पड़ती भारी ।
देश का ये अभिमान बढ़ाये,
क्यों समुचित सम्मान न पाये ।
भ्राता, तात से कुछ न माँगे,
हँस करके सारे सुख त्यागे ।
पति से कहती कर आभास,
हर पल हूँ तेरा विश्वास ।
सफल तभी परिवार हुआ,
जब नारी का सत्कार हुआ ।
वीराने को महल बनाती ।
हर मुश्किल का हल बन जाती ।
भक्ति, शक्ति, शृंगार है नारी,
मत समझो इसको बेचारी ।

आसिया फारूकी

वन्दना यादव 'ग़ज़ल'

पता — वाराणसी, उत्तर प्रदेश

शिक्षा — बी0ए0, एम0ए0, बी0एड0, एम0एड0, नेट

कार्यरत — अभिनव प्राथमिक विद्यालय चन्दवक, जौनपुर, उत्तर प्रदेश

पद — सहायक अध्यापक

लेखन विधा — गद्य एवं पद्य

प्रकाशित पुस्तक — काव्य सिद्धि (साझा संग्रह), नन्ही दुनिया का जादुई सफर एवं किलकारी (साझा संकलन) ।

प्रकाशित कृति — हम हिंदुस्तानी (अमेरिका), इंदौर समाचार,वूमेन एक्सप्रेस, आदिकाल, तरुणमित्र, युग जागरण आदि विभिन्न समाचार पत्रों में तथा मिशन शिक्षण संवाद, साहित्यांजलि आदि पत्रिकाओं में लेख रचनाएँ प्रकाशित ।

आनलाइन पोर्टल — काशी कविता मंच, साहित्य सृजन मंच कौशाम्बी, मिशन शिक्षण संवाद, मानस कविता, मातृभाषा महाकुंभ आदि में रचनाएँ प्रकाशित ।

सम्मान — मिशन शिक्षण संवाद द्वारा उत्कृष्ट शिक्षक सम्मान– 2020, एजुस्टफ–2021 उत्कृष्ट शिक्षक सम्मान तथा विभिन्न साहित्यक मंचों द्वारा विभिन्न सम्मान पत्र प्राप्त ।

दहेज जागरूकता गीत

तर्ज – अँखियों के झरोखे से,,,,,,
इक बाप की नजरों से जो देखा गया वर रे,
बड़ी दूर नजर आये, बड़ी दूर नजर आये।
बन्द हो दहेज प्रथा, लगा वो सोचने,
मन मसोस के रह जाए,
मन मसोस के रह जाए।।
इक बाप की नजरों से.........

इक बेटी जाना उसने, किया कैसा पाप रे,
यूँ ही उम्र न गुजर जाये, वर कैसे पाये रे।
इक बाप की नजरों से.........

जीता है बेटी को देखकर, मर ना जाये कहीं सोचकर,
दहेज न जुटा पाया, दुनिया बसे कैसे कहीं पे।
दिन–रात दुआ मांगे, उसका मन सुता वास्ते,
कभी उसकी उम्मीदों को, दहेज शूल न बन जाये।।
इक बाप की नजरों से.........

वो जब से इस दहेज के, बातों को सुना है,
रात–रात जगे वो, जगते हुये रोये वो।
उसकी प्यारी लाडली, कहीं कुवांरी ना रह जाये,
मन सोच की घबराये, यही सोंचकर घबराये।।

इक बाप की नजरों से जो देखने गया वर रे,
बड़ा दूर नज़र आये, बड़ा दूर नज़र आये.........

वन्दना यादव 'गजल'

भ्रूण हत्या जागरूकता गीत

तर्ज – हमको हमीं से चुरा लो
हमको माँ तुम जमीन पर बुला लो,
कोख में हमें अब बचा लो।
हम यहीं पर मर ना जायें,
दूर तुमसे हो ना जायें…।
माँ आओ तुम हमें बचा लो,
माँ आओ तुम हमें बचा लो……
यह जीवन पाने दो, हमको आने दो,
ममता से अपना आंचल फैला दो,
हम जीवन जो पाएं,
खुद को साबित कर जाएं,
तेरा साथ जो मिल जाए,
कुछ इतिहास लिख जाएं।
जीने दो हमें माता,
लिखनी है कुछ इबारतें……
माँ आओ हमें तुम बचा लो……
तुम से विनती करते हैं, हम मर जाएंगे,
बेटी हूँ, यह सब कहते हैं, हम जी ना पाएंगे,
दिल में जोश भर के तुम,
अब यह काम कर जाओ।
तुम राजी, सब राजी,
माँ आओ हमें तुम बचा लो……
हमको माँ ज़मीं पे बुला लो……

✍ वन्दना यादव 'गजल'

बेटी बचाओ बेटी पढ़ाओ

तर्ज– भ्रूण कली अब करें पुकार .....
भ्रूण कली अब करें पुकार,
माँ हमको भी देखने दो संसार ।
नैना नीर भर कर है कहती,
खिल जाने दो कल एकबार ।।

ये कैसा भय काट रहा है,
बेटा–बेटी में जग बाँट रहा है ।
बोझ न समझो हमको तुम,
मैं हो सकती समृद्धि का अवतार ।।

बेटा–बेटी पले एक ही कोख में,
फिर क्यूँ होता है ये भेद विचार ।
वंश का मान बढ़ाऊँगी मैं भी,
यश का फ़लक तक दूंगी उपहार ।।

बनूँ किरण मैं आशा ज्योति की,
पढ़कर करो अपने सपने साकार ।
मेरे सपनों को पंख लगा दो,
कर दो कुर्सियों पर तुम संघार ।।

भ्रूण कली अब करें पुकार,
माँ हमको भी देखने दो संसार ......

वन्दना यादव 'गजल'

बेटी शिक्षा

बेटी शिक्षा की अब अलख जगाना है,
शिक्षित हो बेटी, अधिकार दिलाना है।
ज्ञानपुंज का उज्ज्वल दीप जले,
निरक्षरता का तिमिर जग से मिटाना है।।

पढ़ी-लिखी बेटी, मान दो कुलों की,
आत्मनिर्भर बने, गुलाम न हो भूल की।
एक कदम विकास की ओर बढ़ायेंगे
बेटी जननी है, विकास के मूल की।।

बोझ नहीं बेटी, उस पर विश्वास जगायें,
करो सब संकल्प, हर बेटी को हम पढ़ायें।
हर बेटी को हो शिक्षा का अधिकार
स्वस्थ, सुरक्षित बेटी है, कल का आधार।।

वन्दना यादव 'गज़ल'

सपना

पद	– सहायक अध्यापक
कार्यरत	– प्राथमिक विद्यालय उजीतीपुर, वि0ख0 – भाग्यनगर, जनपद – औरैया
शैक्षिक योग्यता	– स्नातक, बी0एड0, विशिष्ट बी0टी0सी0, टी0ई0टी0 ,
मूल निवास	– औरैया
मोबाइल नम्बर	– 8299284313
ई-मेल आई.डी.	– sapnapasaipur06061983@gmail.com
विधा	– गद्य एवं पद्य
प्रकाशन	– समाचार पत्र– युग जागरण, दैहिक स्वतंत्रता, आदिकाल आदि में रचनाएँ प्रकाशित।
ऑनलाइन पोर्टल	– मिशन शिक्षण संवाद, मातृभाषा महाकुम्भ, मानस कविता, इंकलाब आदि में रचनाएँ प्रकाशित।
सम्मान	– शून्य निवेश नवाचार में उत्कृष्ट शिक्षक सम्मान– 2021 तथा विभिन्न साहित्यिक मंचों द्वारा कई बार सम्मानित।

लक्ष्मी तेरी तलवार

लक्ष्मी तेरी तलवार,
मचाए रण में हाहाकार ।
करें हम तेरी जय जयकार,
तू शक्ति का अवतार ।
लक्ष्मी तेरी तलवार.......

बेटी तू बड़ी सयानी,
तू सबला तू मर्दानी ।
कोई पाए ना तेरा पार,
तू शक्ति का अवतार ।
लक्ष्मी तेरी तलवार.......

तुझे खेल खिलौने ना भाए,
बरछी तलवार चलाए ।
तेरी सखियाँ तीर कटार हैं,
तू शक्ति का अवतार ।
लक्ष्मी तेरी तलवार.......

झाँसी पर आफत आई,
तू बन गई लक्ष्मीबाई ।
करने झाँसी का उद्धार,
तू शक्ति का अवतार ।
लक्ष्मी तेरी तलवार.......

दुश्मन था बड़ा घमंडी,
तू बन गई काली चण्डी ।

किए शत्रु से नैना चार,
तू शक्ति का अवतार।
लक्ष्मी तेरी तलवार.......

लाशों की लगा दी ढेरी,
जित नजर थी तूने फेरी।
किया फिर शत्रु का संघार,
तू शक्ति का अवतार।
लक्ष्मी तेरी तलवार.......

तू खूब लड़ी मर्दानी,
बन कर झांसी की रानी।
जान दी अपनी तूने वार,
तू शक्ति का अवतार।
लक्ष्मी तेरी तलवार.......

तेरी महिमा गाई ना जाए,
कम शब्द सभी पड़ जाएं।
नमन है तुझको बारम्बार,
तू शक्ति की अवतार।
लक्ष्मी तेरी तलवार.......

सपना

बेटियां

तर्ज– दुश्मन ना करे दोस्त ने
ये पाप तूने पापी क्यों हर बार किया है,
क्यों कोख में ही बेटियों को मार दिया है?
ये पाप तूने पापी ओ ओ ओ..........

पैदा हुआ बेटा तो है जश्न मनाया,
बेटी हुई तो घर में कोहराम किया है।
क्यों कोख में ही बेटियों को मार दिया है?
ये पाप तूने पापी ओ ओ ओ..........

करके विदाई बेटी की क्यों गंगा नहाते?
बेटों को अपना सारा घर बार दिया है।
क्यों कोख में ही बेटियों को मार दिया है?
ये पाप तूने पापी ओ ओ ओ..........

दहेज की अग्नि में झुलसती बेटियाँ,
कभी ना उसको प्यार व सम्मान दिया है।
क्यों कोख में ही बेटियों को मार दिया है?
ये पाप तूने पापी ओ ओ ओ..........

ससुराल जा के बेटियों ने सब है लुटाया,
सबने मिल के बेटियों को गैर किया है।
क्यों कोख में ही बेटियों को मार दिया है?
ये पाप तूने पापी ओ ओ ओ..........

सपना

नारी

तर्ज– तू शायर है मैं तेरी शायरी

मैं शोला हूँ, मैं शबनम भी, मैं दुर्गा हूँ, मैं काली भी।

अबला समझ ना छेड़ मुझे, वरना पछताएगा।।

तूने मुझे हरपल ही है दर्द दिया,

भरी महफ़िल में मेरा अपमान किया।

बहुत हुआ अब सहना नहीं,

खा के कसम कहती हूँ।

कहना अब मान मेरा जो तू चाहे भला,

मैं जीवन हूँ और काल भी।

मैं शोला हूँ, मैं शबनम भी,

अबला समझ ना छेड़ मुझे,

वरना पछताएगा।

मैं शोला हूँ...............

आँख दिखा के तूने कभी है डराया मुझे,

दहेज की अग्नि में कभी है जलाया मुझे।

अब तुझसे मैं ना डरूँ,

जीवन अपना खुल के जिऊँ।

करना है जो तुझे वो करके दिखा,

मैं निर्माण हूँ, मैं विनाश भी।

मैं शोला हूँ, मैं शबनम भी,

अबला समझ ना छेड़ मुझे,

वरना पछताएगा।

मैं शोला हूँ...............

✎ सपना

वर्षा सक्सेना

व्यक्तिगत परिचय

जन्मतिथि	–	21 जुलाई 1980
पिता	–	स्व श्री जय स्वरूप सक्सेना
माता	–	श्रीमती पंकज सक्सेना
शिक्षा	–	एम0 सी0 ए0,एम0 कॉम0, एम0 ए0 (अर्थशास्त्र), बी0 एड0
सम्प्रति	–	पी0 जी0 टी0 (कंप्यूटर साइंस), लिटिल एंजेल्स स्कूल, पीलीभीत, महामंत्री (कायस्थ सेवा समिति, महिला प्रकोष्ठ, पीलीभीत)
लेखन विधा	–	हिंदी एवं अंग्रेजी
प्रकाशित कृतियाँ	–	डा0 मौसम सिन्हा द्वारा लिखित 'हाइकू एंड अदर पोम्स' पर समीक्षात्मक लेख बरेली के समाचार पत्र 'अर्जुन शस्त्र' में प्रकाशित हुआ।

डी0 पी0 एस0 प्रकाशन, दिल्ली से डॉ मौसम सिन्हा द्वारा दिसंबर 2020 में प्रकाशित पुस्तक 'विनिंग जॉब इंटरव्यू' में सह लेखिका। शिवांक प्रकाशन, दिल्ली से डॉ मौसम सिन्हा–सीमा सिन्हा द्वारा फरवरी 2021 में प्रकाशित पुस्तक 'लक्ष्य निर्धारण एवं समय प्रबंधन' में सह लेखिका। फरवरी 2021 में पुरातन छात्रा के रूप में उपाधि महाविद्यालय, पीलीभीत की प्रथम इ–मैगज़ीन 'आदरणिका' में सह लेखिका। मई 2021 में प्राची पब्लिकेशन द्वारा 'नारी तू अपराजिता' महिला प्रधान संग्रह में सह लेखिका।

बालिका वधु

लाज की गठरी संभल न पाई,
पाँव की थिरकन रुक न पाई,
आंख शरम से झुक न पाई,
मसला क्या है, समझ न पाई,
वो बालिका वधु।

गहनों से वो लद गई सारी,
उथले बदन पे रुके न साड़ी,
पायल, बिंदिया सज न पाई,
सजना से भी बंध न पाई,
वो बालिका वधु।

जिठनी, देवरा निभा न पाई,
नन्दी, सासू समझ न पाई,
रस्में वस्में याद न आई,
पर्दे में घुट रह ना पाई,
वो बालिका वधु।

सपने अपने बुन न पाई,
जाने न क्या है तरुणाई,
संग सखी के मिल न पाई,
दिल की दिल से कह न पाई,
वो बालिका वधु।

✍ वर्षा सक्सेना

दूसरी लड़की

लक्ष्मी आई घर में है फिर,
खुशियाँ छाई मन में हैं फिर,
फूल खिला इक जीवन में फिर,
महक उठा घर आंगन यह फिर।
अरे दूसरी भी है लड़की,
किसने सहसा वार किया,
खिलते उस उजियारे में यूँ
किसने था अंधकार किया।
कैसे होगा लालन पालन,
कैसे होगी शिक्षा दीक्षा,
कैसे होगी शादी वादी,
कैसे हो दहेज व्यवस्था।
क्यों ये भयावह दृश्य दिखाया,
क्यों भविष्य दर्शन करवाया,
क्या बेटी है इतनी भारी,
दूसरी नही क्या जिम्मेदारी?
वह अपना लाई है संग में,
ले जाएगी अपना संग में,
भाग्य उज्ज्वल हो जाये उसका,
ऐसी आशा रखे मन मे।
अभी तो सुंदर सजल वह प्यारी,
घर की रौनक राज दुलारी,
चिड़िया बन वो उड़ जाएगी,
तुमसे न कुछ ले जाएगी।

वर्षा सक्सेना

अस्तित्व

भर भर कर यूँ दिल का कोना,

छुप छुप कर यूँ नयन भिगोना,

अंतर्मन में स्वप्न संजोना,

बिसरा कर फिर दिल का रोना,

करके द्वारे बंद जिगर के,

करके नैना बन्द उधर से,

मिल जाती हो इस दुनिया में,

खिल जाती हो उस बगिया में,

जिसमें फूल महकता तेरा,

जिसमें चाँद चमकता तेरा,

लेकर सर पर उनकी बलाएं,

चाहे कितने तूँफा आएं,

बन जाती हो ढाल सभी की,

वक्त पड़े तो काल सभी की,

काम ही कितना है घर का,

सुन कर घुटती हो तुम जितना,

उतना उठना और उठ जाना,

दुनिया को फिर ये दिखलाना,

कि तुम ही हो महिषासुर मर्दिनी,

तुम ही हो हर गृह में नंदिनी,

तुम ही हो स्कन्दा, सरस्वती,

तुम ही हो आंगन की तुलसी।

समय आ गया अब तुम जागो,

अब अपना अस्तित्व पहचानो।

✎ वर्षा सक्सेना

स्पर्श

सुनो लड़कियों इस दुनिया में,
स्पर्श हमेशा प्यार नही,
छूने से कोई अपना हो,
है ऐसा कोई दुलार नही।

बहुत हो गया पर्दा वर्दा,
बहुत हो गई लाज लोक की,
बहुत हो गया त्याग समर्पण,
बहुत हो गई हंसी ठिठोली।

हो चेतन अब समय आ गया,
कर तलवार उठाने का,
स्वयं की रक्षा खुद के हाथों,
खुद ही आंख उठाने का।

क्या अच्छा और क्या है बुरा अब,
हर इंसा पहचानो तुम।
समझदार हो खुद में इतना,
हर स्पर्श को जानो तुम,

तुम चाहो तो छू न पाए,
हवा भी तुम्हे गुलशन की,
तुम चाहो तो बन सकती हो
ज्वाला खुद में अग्नि की।

✍ वर्षा सक्सेना

अमित कुमार श्रीवास्तव

पद	–	शिक्षक
कार्यरत	–	प्राथमिक विद्यालय भैरवां द्वितीय, हसवा, फतेहपुर, उत्तर प्रदेश
निवास	–	कृष्ण विहारी नगर, न्यू कालोनी, वर्मा चौराहा, फतेहपुर, उत्तर प्रदेश
दूरभाष	–	7275727776
अनुभव	–	15 वर्षों से अधिक शिक्षण कार्य का अनुभव
शैक्षिक योग्यता	–	स्नातक, बी.एड., बीटीसी
विधा	–	गद्य एवं पद्य
प्रकाशन	–	किलकारी बाल कहानी संग्रह समेत विभिन्न पत्र-पत्रिकाओं में कहानियाँ एवं लेख प्रकाशित।
प्राप्त सम्मान	–	नवोदय क्रांति भारत समेत विभिन्न साहित्यिक गतिविधियों के लिए सम्मानित।

भारत की नारी

संघर्ष भरे इस जीवन मे,
वह कभी न हारी है।
नमन करू मै उसको हरदम
ऐसी भारत की नारी है।।

दर्द भरा जीवन जीकर भी,
वह स्नेह बरसाने वाली है।
जीतेगी हर मैदान सदा वह,
ऐसी भारत की नारी है।।

करती दूर अज्ञान अंधेरा वह,
वह तो अपनी उजियारी है।
मेल मिलाती दो परिवारों को,
ऐसी भारत की नारी है।।

बेटी बचाओ बेटी पढ़ाओ और
कन्या सुमंगला की बारी है।
आया स्वर्णिम समय नारी का,
करनी सबको तैयारी है।।

✎ अमित कुमार श्रीवास्तव

नारी उत्थान

पढ़कर लिखना, लिखकर पढ़ना,
अब उनको ये बतलाना है।
साक्षरता के लिये सभी को ,
अब स्कूल पहुँचाना है।।

जागरूक करेंगे हर नारी को,
उसका अधिकार दिलाना है।
धरती से नभ तक अब,
नारी क्रांति फैलाना है।।

दीन-हीन नही है वह,
उसको अहसास कराना है।
दुर्गा काली की शक्ति का,
उसको आभास कराना है।।

☙ अमित कुमार श्रीवास्तव

जगत जननी

तुम जगत जननी नारी हो,
त्याग प्रेम की सच्ची मूरत।
तुम सबसे प्यारी हो,
तुम सर्व पूजित नारी हो।।

सहती हो तुम जुल्मों सितम
पर तुम कभी ना हारी हो।
तुम तो हो वीर प्रसूता
तुम भारत की नारी हो।।

तुम धरती पर हो,
ममता की मूरत।
तुम जग में सबसे न्यारी हो,
तुम भारत की नारी हो।।

अमित कुमार श्रीवास्तव

नारी तुम हो महान

हे नारी तुम बड़ी उपकारी,
हर रूप में प्यार लुटाती हो।
दया की चादर मन मे डाले,
नारी तुम महान हो।।

अनन्त दुख सहकर तुम,
करती जग का कल्याण हो।
बिना तुम्हारे कुछ ना सम्भव,
तुम ही जीवन का आधार हो।।

नारी तुमको जग यह पूजे,
तुम जीवन का सार हो।
तुम में ईश्वर बसता है,
तुम शक्ति का अवतार हो।।

धरती अम्बर में तेरी जय जय,
तुम विश्वव्यापनी हो।
दुराचारी थर्राता तुमसे,
जब तुम भरती हुंकार हो।।

अमित कुमार श्रीवास्तव

भारतेंद्र कुमार त्रिपाठी

व्यक्तिगत परिचय

पिता	–	स्व .बद्री प्रसाद त्रिपाठी
माता	–	स्व .विजयलक्ष्मी त्रिपाठी
पता	–	ग्राम व पोस्ट–देवनहरी, प्रयागराज,उ .प्र .221507
शिक्षा	–	एम .ए .,बी .एड .
सम्प्रति	–	शिक्षक व स्वतंत्र लेखन
पुरस्कार/सम्मान	–	युवा हस्ताक्षर पुरस्कार, श्रेष्ठ रचनाकार सम्मान,पर्यावरण मित्र सम्मान ।
प्रकाशित पुस्तक	–	मेरा प्रतिबिंब (काव्य संग्रह)
विशेष	–	दस साझा काव्य संग्रह में रचनाएं प्रकाशित । देश विदेश के समाचारपत्र व पत्रिकाओं में रचनाएं, कहानी,आलेख व संस्मरण प्रकाशित
संरक्षक	–	पहल जनकल्याण समिति एवं सेवा संस्थान प्रयागराज
उपमंत्री	–	भारतीय सांस्कृतिक प्रबुद्ध संस्थान प्रयागराज
विद्यालय	–	उच्च प्राथमिक विद्यालय सुजौना,जसरा, प्रयागराज
सम्पर्क	–	9450126837
E-mail	–	bhartendra07@gmail.com

समाज का अस्तित्व

लड़की हूँ लेकिन कमजोर नहीं हूँ,
मैं इस दुनिया में निर्भीक निडर हूँ।

पूरा परिवार हमेशा रहता मेरे साथ,
मेरे हाथ में है सबका मजबूत हाथ।

मुझको अच्छे बुरे व्यवहार का है ज्ञान,
न समझो मैं हूँ किसी बात से अज्ञान।

सरकार की हर सुविधा से परिचित हूँ,
जो मेरे लिए व्यवस्थाएं है सुरक्षित हूँ।

मैं स्वयं गढ़ रही अपना हर किरदार,
देखना हर अंजाम होगा मेरा दमदार।

सहनशीलता है हम सबका व्यक्तित्व,
मुझसे ही है इस समाज का अस्तित्व।

भारतेंद्र कुमार त्रिपाठी

बेटी हूँ...

अब बेटा-बेटी का भेद नहीं,
बेटी हूँ इकलौती संतान हूँ।
मुझको करना ऐसा काम,
करना ऊंचा सबका नाम।
हां मैं पापा की परी तो हूँ
मैं लाड प्यार में पली हूँ
लेकिन मैं कमजोर नहीं हूँ
मैं हिम्मत की मिशाल हूँ।
मैं घर परिवार की मर्यादा हूँ
मैं आज सबकी कद्रदान हूँ
मैं अब जरा नहीं नादान हूँ
मैं खतरे से अनजान नहीं हूँ।
अब मुझे कुछ बन ही जाना है,
मैंने अब यह मन में ठाना है,
अब मुझे रुक नहीं जाना है,
मुझे अब बढ़ते ही जाना है।
मुझे मंजिल तक जाना है,
जो मैंने सोचा है वो पाना है।

भारतेंद्र कुमार त्रिपाठी

मरती जीती जाती हैं..

हम औरतें कई बार जन्म लेती हैं,
एक जन्म में ही कई बार मरती हैं।
जब भी वह बच्चे को जन्म देती हैं,
तब भी वह मरकर फिर जीती हैं।
वह पालन पोषण और समाज में,
हर पल संघर्षों से लड़ती जाती हैं।
जब बारी उनकी पढ़ने की आती है,
दूर शहर अकेले जब जाना होता है,
मां बाप की चिंता बन कर जाती हैं।
जब बात उनकी शादी की आती है,
तब वह सबसे ज्यादा मरती-जीती हैं।
समाज में उनके बाह्य आवरण का,
जिस तरह मूल्यांकन किया जाता है,
अपने शरीर से ही अनजान होती हैं।
अक्सर उसके नाक और होठों में भी,
कमी निकाल इंकार कर दी जाती हैं,
हर इंकार पर वह थोड़ा मर जाती हैं,
फिर हिम्मत से जीने को उठ जाती हैं।
जब भी बात दहेज की आती है तब,
पिता का बस मुंह और लाचारी देखती हैं,
चाहे वह नौकरी में हो या फिर बेरोजगार,
दहेज के बिना ब्याहा जाना संभव नहीं।
वह सब मान-अपमान सहती जाती हैं,
हंसते-हंसते वह मरती-जीती जाती हैं।

भारतेंद्र कुमार त्रिपाठी

सख्त बनना होगा..

तुम मानसिक रूप से मजबूत हो,
शारीरिक रूप से भी मजबूत बनों।
तुम्हें रोना छोड़कर आगे बढ़ना होगा,
सदियों की दीवार को गिराना होगा।
सब कुछ तुम्हारे देह तक सीमित है,
इसको तुम्हें असीमित करना होगा।
तुम्हें अपने सारे जीवन बंधन तोड़कर,
तुम्हें एक लंबी लकीर खींचनी होगी।
जमाने में हमेशा से ही तुम्हें मापने के,
जब देखो नये नये पैमाने बनते रहे हैं,
अब तुम्हें अपनी परिभाषा खुद ही,
नये सिरे से जमाने को देनी ही होगी।
अपने सामने कहे शब्दों को छोड़कर,
तुम्हें अंदर के दैत्यों को देखना होगा,
जो अब तक अनलिखा रह गया है,
तुम्हें तो वही इतिहास लिखना होगा।
मोम जैसे पिघलना अब छोड़ना होगा,
तुम्हें पत्थर जैसा सख्त बनना होगा।

✎ भारतेंद्र कुमार त्रिपाठी

अजय कुमार

व्यक्तिगत परिचय

पद   – सहायक अध्यापक
कार्यरत   – प्राथमिक विद्यालय सरावनी,
                 सिंभावली, जनपद– हापुड़, उत्तर प्रदेश
विधा   – गद्य एवं पद्य
मो0 न0   – 6398575469

बेटी बचाओ-बेटी पढ़ाओ

सपना कोई सजा कर तो देखो,
बेटी को तुम बचाकर तो देखो।
छू लेगी वह भी आसमान,
बेटों सामान पढ़ाकर तो देखो।
बेटी होने पर जश्न मनाकर तो देखो,
उसके आने वाला कल तो देखो।
लाएगी वह एक नया सवेरा,
बेटी को सम्मान देकर तो देखो।
इंदिरा, लक्ष्मी, लता, जैसी बनाकर तो देखो,
फर्ज को अपने निभाकर तो देखो।
हो जाती है पलभर में बेगानी,
बेटी को आंखों का तारा बनाकर तो देखो।
बेटी को भी वारिश मानकर तो देखो,
लाड-प्यार उसपर भी लुटाकर तो देखो।
रोशन करेगी जग में नाम माँ बाप का,
बेटा–बेटी एक समान समझकर तो देखो।
दादी, नानी, माँ, बहन जैसे रिश्ते निभाकर तो देखो,
हर उस गलत ख्याल को निकालकर तो देखो।
बन जाएगा अपना भारत चमन,
हर बहन बेटी को इज्जत देकर तो देखो।

✒ अजय कुमार

गुड टच-बैड टच

छुए तुमको अगर कोई,
और तारीफ करे तुम्हारी।
बचना ऐसे हैवानों से,
दूरी बनाना जरूरी।।

गंदी फोटो और वीडियो,
अगर तुमको कोई दिखाएं।
और प्यार से छुए तुम्हें तो,
जोर जोर से चिल्लाएं।।

भाग जाना तुरंत वहां से,
प्राइवेट पार्ट कोई देखे या दिखाएं।
मत छुओ मुझे, मत छुओ मुझे
जोर जोर से चिल्लाएं।।

किसी अंजान के पास न जाएं,
इंटरनेट से भी सुरक्षा अपनाएं।
रिश्ते नातों का भी रखें ध्यान
बच्चों की सुरक्षा हम सब मिलकर निभाएं।।

  अजय कुमार

मिशन शक्ति

नारी हूँ मैं नारी हूँ,

हूँ शक्ति इस संसार की।

सहकर दर्द सारा,

खड़ी रहती हूँ हर बार ही।

लेती रहती हूँ जन्म, मेरे रूप अनेक,

कभी हूं शोला, कभी मीरा सी एक।

अपनाओ मुझे भी, करो मेरा भी सम्मान,

मुझे बचा लो, तभी बनेगा देश महान।

अखंड ज्योति सी मैं चलने को तैयार,

दर्द समा लूँ आंचल में देती सभी को प्यार।

खड़े-खड़े क्या देख रहे हो आगे पग बढ़ाओ

करो नारी सुरक्षा और सम्मान, देश का मान बढ़ाओ।

शक्ति हूँ मैं, दुर्गा हूँ,

फूल हूँ मैं, लोहा हूँ।

मैं शोला हूँ, मैं शबनम हूँ,

मैं जीवन हूँ, मैं काल हूँ।

नारी हूँ मैं नारी हूँ,

हूँ शक्ति इस संसार की,

सहकर दर्द सारा,

खड़ी रहती हूँ हर बार ही।

✍ अजय कुमार

यौन उत्पीड़न

मीना रानी बड़ी सयानी,
बात पते की कहती है।
बाल अपराध और महिला अपराध,
करने वालों की सजा बताती है।।

बाल विवाह करने वाले को,
2 वर्ष सजा और जुर्माने की बात बताती है।
बाल यौन शोषण में,
उम्रकैद या मृत्युदंड सजा बताती है।।

बाल अपहरण करने पर,
जुर्माना और 7 वर्ष सजा होती है।
बाल तस्करी करने पर,
जुर्माना और उम्रकैद भी होती है।।

करवाते जो बाल श्रम उन्हें,
जुर्माना और 3 वर्ष की सजा भी होती है।
करे जो बच्चों संग मारपीट,
पांच लाख का जुर्माना और 10 वर्ष सजा होती है।।

हेल्पलाइन नम्बर 1090 पर करो कॉल,
महिला सुरक्षा की बात कहती हैं।
बने जागरूक सभी महिलाएं,
महिला अधिकारों की बात समझाती हैं।।

✍ अजय कुमार

सरल मधुर

व्यक्तिगत परिचय

पद	– सहायक अध्यापक
कार्यरत	– प्राथमिक विद्यालय जगतपुर आदिल, भिटौरा, फतेहपुर
योग्यता	– बीटीसी, बीएड, एम0 ए0, टीईटी , सीटीईटी
पता	– वर्मा चौराहा, फतेहपुर, उत्तर प्रदेश
मोबाइल	– 7905879360
विधा	– गद्य एवं पद्य
गतिविधियाँ	– विभिन्न समाचार पत्रों जैसे– दैनिक जागरण, आदिकाल, इंदौर समाचार एवं आनलाइन पोर्टल जैसे साहित्यशाला, मानस कविता पर कविताएं एवं आलेख प्रकाशित तथा विभिन्न पत्रिकाओं में रचनाओं को स्थान मिला।
सम्मान	– नवोदय क्रांति, मानस कविता समेत विभिन्न मंचो द्वारा सम्मानित।
प्रकाशित संकलन	– नन्ही दुनिया का जादुई सफर, अंतर्मन की गूँज, किलकारी आदि।

बेटियाँ

माँ मैं कोई और नहीं,
तुम्हारी ही परछाई हूँ।
क्यूँ मारा मुझे कोख़ में,
मैं तुम्हारी ही अच्छाई हूँ॥

मैं भी उड़ना चाहती हूँ,
इस उन्मुक्त गगन में।
मैं भी खेलना चाहती हूँ।
तेरे इस आँगन में॥

माँ तेरे गले से लगना चाहती हूँ,
मैं भी कुछ कहना चाहती हूँ।
मैं तेरा सहारा बनना चाहती हूँ,
मैं भी दुनिया देखना चाहती हूँ॥

✍ सरल मधुर

बोझ नहीं बेटियाँ

कहने को कुछ शब्द नहीं।
मैं तो निःशब्द हो गयी॥

कैसे मैं बयान करूं।
कि बोझ नहीं ये बेटियाँ॥

घर को गुलजार करें।
और खुशहाल करे ये बेटियाँ॥

सभी मायनों में खरी।
उतरी हैं ये बेटियाँ॥

जिम्मेदारियों का बोझ पड़ा।
तो सम्भालने लगी हैं बेटियाँ॥

घर से निकल कर अब।
अंतरिक्ष में जाने लगी बेटियाँ॥

समाज की धरोहर हैं।
अनमोल हैं ये बेटियाँ॥

बेटा अगर आज है तो।
हमारा कल है प्यारी बेटियाँ॥

✎ सरल मधुर

अरमान है बेटी

मेरा भी अरमान है बेटी,
मेरे घर भी आये बेटी।
माना कि मेहमान है बेटी,
मेरे घर की पहचान है बेटी।।

बेटा मेरा अभिमान,
तो बेटी मेरा स्वाभिमान है।
दोनों ही हैं आँख के तारे,
दोनों एक समान हैं।।

माँ बहन पत्नी बेटी,
हर साचें में ढल जाती है।
माँ बाप का दर्द समझती,
सब कुछ वह सह जाती है।।

बेटी बचाओ–बेटी पढ़ाओ का सपना,
मै सच कर के दिखलाऊंगी,
बेटी की परछाई बन कर
जीने की राह दिखाऊंगी

भार नही होती बेटी,
सबको यह बतलाना है।
शिक्षित करके उसको,
उसका सम्मान दिलाना है।।

सरल मधुर

नारी महिमा

पूजा होती जहाँ नारी की,
वहीं देवता का वास है।
मेरा घर न तेरा घर,
सारी धरा मे उसका आवास है।।

सम्मान करो सदा नारी का,
वह सच्ची युग निर्मांता है।
लेता है मानव जन्म उसी से,
और उसी गोद मे पलता है।।

मातु बहन पत्नी और बेटी,
जीवन का ये सार है।
रहता है मानव ऋणी सदा,
इतना उसका उपकार है।।

आओ मिलकर शपथ ये लें,
नारी अत्याचार मिटाना है।
करके नारी महिमा का गुणगान,
विश्व में सम्मान दिलाना है।।

✎ सरल मधुर

दीपिका गर्ग

व्यक्तिगत परिचय

माता	–	श्रीमती प्रेमलता गर्ग
पिता	–	श्री जुगलकिशोर गर्ग
पति	–	श्री रवीन्द्र कुमार अग्रवाल
स्थायी पता	–	गर्ग सदन, भारतीय स्टेट बैंक के पास, कुलपहाड़
जिला	–	महोबा उत्तर प्रदेश
फोन नंबर	–	9424463742
जन्मतिथि	–	10/07/1983
जन्मस्थान	–	कुलपहाड़, महोबा उत्तर प्रदेश
शिक्षा	–	बी०एससी० एमए (हिन्दी, कला) बीएड
सम्प्रति	–	सहायक अध्यापिका कंपोजिट कन्या पूर्व माध्यमिक विद्यालय महोबकंठ पनवाड़ी, जिला– महोबा, उत्तर प्रदेश
व्यवसाय	–	शिक्षिका, कलाकार, लेखिका, कवयित्री
कार्यक्षेत्र	–	शिक्षा, लेखन, कला, समाज सेवा
प्रकाशन विवरण	–	'अटल हिन्द' हिन्दी दैनिक समाचार पत्र में, बुंदेलखंड मीडिया समाचार पत्र में कविता प्रकाशित हो चुकीं।
सम्मान	–	1. नवाचार एक पहल के मंच पर आनलाइन कवितापाठ करने पर सम्मान पत्र मिला, 2. जनवरी वर्ष 2019 महोबा जिले के माननीय सांसद जी के द्वारा उत्कृष्ट शिक्षक का पुरस्कार प्राप्त हुआ, 3. फरवरी 2019 में कुरुक्षेत्र हरियाणा की धरती पर नवोदय क्रांति परिवार द्वारा उत्कृष्ट शिक्षक का पुरस्कार मिला, 4. 2019 में सत्यमेव जयते यूएसए द्वारा जीके क्विज़ में प्रथम स्थान।

नारी

नारी श्रद्धा है सेवा है त्याग है।
नारी पूजा है उपासना है वैराग्य है।
नारी वर्षा है झरना है सरिता है।
नारी दोहा है चौपाई है कविता है।
नारी बिंदी है माला है कंगना है।
नारी देरी है रसोई है अंगना है।
नारी महावर है मेंहदी है रोली है।
नारी तीज है दिवाली है होली है।
नारी प्रेम है समर्पण है स्नेह है।
नारी मन है आत्मा है देह है।
नारी रोशनी है रौनक है रंग है।
नारी विधि है विधा है ढंग है।
नारी शौर्य है शक्ति है शांति है।
नारी रूप है सौंदर्य है कांति है।
नारी धैर्य है धुरी है धर्म है।
नारी कृपा है काया है कर्म है।
नारी परमेश्वर की दृष्टि है।
नारी शिव है सत्य है सृष्टि है।

✍ दीपिका गर्ग

खुशियाँ मना लेती हूँ

आराम के पलों से,
कुछ पल चुरा लेती हूँ।
इस तरह मैं अपनी,
खुशियाँ मना लेती हूँ।

चुरा लेती हूँ कुछ पल,
सहेलियों से बात के लिए।
कुछ मनोरंजन के लिए।
कुछ मायूसी को मात के लिए।
इस तरह मैं अपनी,
तन्हाई दूर कर लेती हूँ।

चुरा लेती हूँ कुछ पल,
खुद को निखारने के लिए।
थोड़ा चमकने के लिए।
थोड़ा चहकने के लिए।
इस तरह मैं अपनी,
झुर्रियाँ दूर कर लेती हूँ।

चुरा लेती हूँ कुछ पल,
अपनी रुचियों के लिए।
कुछ नया लिखने के लिए।
कुछ रंग भरने के लिए।
इस तरह मैं अपनी,
दुनिया जगमगा लेती हूँ।

दीपिका गर्ग

नारी ने धर्म ना छोड़ा

भूल गए सब मर्यादा अपनी,
नारी ने धर्म ना छोड़ा।
तकनीकी के युग में भी,
खुद को संस्कारों से जोड़ा।

नर तिलक लगाना भूले,
शिखा भी बिसरायी।
यज्ञोपवीत भी खो दिया,
उपासना भी ठुकरायी।
लेकिन सोलह श्रृंगारों से,
नारी ने रिश्ता न तोड़ा।

धर्म–कर्म और सेवा की,
वो सब रीत निभाती।
रिश्तो को जोड़े रखती,
घर को मजबूत बनाती।
दान पुण्य और तीर्थ भी,
करती वह थोड़ा–थोड़ा।

चाहे कितने भी कष्ट हों,
पर संस्कृति ना छोड़े।
लाख मुसीबत आए पर,
फर्ज से मुंह ना मोड़े।
व्रत पूजा भक्ति कर लेती,
चाहे आए कोई रोड़ा।

दीपिका गर्ग

मुझको पढ़ना है

मैं नन्हा सा दीप ज्ञान का मुझको चलना है।
घर को रोशन कर दूँगी मैं मुझको पढ़ना है।

प्यारी-प्यारी आँखों में कुछ सपने सुनहरे हैं।
मन के पंछी पर क्यों लगते इतने पहरे हैं।
दुनिया के नभ में तो मुझको ऊँचा उड़ना है।

नाम करूँगी रोशन सबका मैं सुन लो हे बाबू।
मैं पढ़ लिखकर पा जाऊँगी किस्मत पर काबू।
अफसर बिटिया बनकर अपना भविष्य गढ़ना है।

घर का भी मैं काम करूँगी और रखूँगी मर्यादा।
बेकार नहीं होगी मेहनत ये करती हूँ वादा।
माँ मुझको भी मौका दो तकदीर से लड़ना है।

गाँव देश का नाम करूँगी मैं भी खेलूँ खेल।
किस्मत तभी चमकती जब श्रम से होता मेल।
बछेंद्री और अरुणिमा सा एवरेस्ट पर चढ़ना है।

दीपिका गर्ग

नीलम भास्कर

माता	–	श्रीमती श्यामदुलारी देवी
पिता	–	श्री सरदावल राम
जन्मतिथि	–	10/03/1981
जन्म स्थान	–	जिला– जौनपुर, उत्तर प्रदेश 222001
शिक्षा	–	परास्तानक (रसायन शास्त्र), बीटीसी
पद	–	सहायक अध्यापिका
कार्यरत	–	उ0प्रा0वि0सिसाना
संपर्क सूत्र	–	8576932734
विद्या	–	गद्य एवं पद्य
अनुभव	–	मिशन शिक्षण संवाद पर सौ से अधिक बाल कविताएं लिखी इसके साथ साहित्य के क्षेत्र में भी कई कविताएं लिखी हैं। शिक्षक दिवस पर कविताएं लिखी हैं। बागपत जिले में आइडिया फेस्टिवल (TLM) प्रथम विजेता रही। मिशन शिक्षण संवाद पर बोलती किताब कक्षा–5 प्रकृति पर अपनी आवाज से पाठों को रोचक बनाया है।
लक्ष्य	–	बच्चों को नित नये प्रयासों से शिक्षित करुं। हर विद्यार्थी पढ़ाई-लिखाई को बोझ ना समझें अपितु लगन और आनंद से पढ़े।

बेटी बचाओ बेटी पढ़ाओ

बेटी से बनता समाज मान,
बेटी तो होती है हमारी शान।
इनके जन्म पर खुशियां मनाओ,
बेटी बचाओ बेटी पढ़ाओ।।

देवी लक्ष्मी जैसी शीतलता इनमें,
दुर्गा-काली जैसे अपार शक्ति।
इन पर बराबर का स्नेह लुटाओ,
बेटी बचाओ बेटी पढ़ाओ।।

कहलाती यह कल्पना चावला और इंदिरा गांधी,
यही है पी.टी ऊषा, यही है झांसी की रानी।
इनकी शिक्षा का संकल्प सभी उठाओ,
बेटी बचाओ बेटी पढ़ाओ।।

भ्रूण हत्या, दहेज प्रथा जैसी कुरीतियां मिटाकर,
इन्हें समान अधिकारों से जीवन यापन करने दो।
गर्व से मस्तक उठा कर यह संदेश फैलाओ,
बेटी बचाओ, बेटी पढ़ाओ।।

नीलम भास्कर

आत्मरक्षा

देश के नये युग की नारी बन,
हर क्षेत्र में सर्वश्रेष्ठ कर दिखाऊंगी।
अपने पुलकित नए हौसलों से,
कुछ अलग करके नाम कमाऊंगी।।

पहले जैसी अबला नहीं हूं मैं,
जो समाज की कुरीतियों से डर जाउंगी।
करुणा की सागर कहलाती हूं मैं,
उठती लहरों के समान हुंकार भरूंगी।।

अब बदलेगी हमारी अपनी पहचान,
मधुर वाणी और संयम बनाएगी मेरी शान
परिधानों में लिपटी ना हो हमारी परिभाषा,
कुछ कर गुजरने की प्रबल हो आशा।।

चाहे युग कितने ही बदल जाएं,
मैं ही जगत जननी कहलाऊंगी।
किसी के हाथ की कठपुतली नहीं हूं,
अपना सूरज खुद चमकाऊंगी।।

देकर देश को नई प्रगति की दिशा,
मैं देश प्रेम का धर्म निभाऊंगी।
हां मैं हूं नए युग की नारी,
कुछ अलग करके नाम कमाऊंगी।।

नीलम भास्कर

बाल विवाह

एक छोटी सी चिड़िया हूं मैं,
अभी तो आसमां में ऊंचा उड़ना हैं।
मत बांधो मुझे दुनिया की रिवाजों में,
मेरे कोमल मन को मजबूत बनना है।।

कैसा अजब यह नियम बना दिया,
कोमल फूलों को समाज ने मुरझा दिया।
अभी तो रिश्ते निभाना मुझे आता नहीं,
हाथों में कलम के बजाय झाड़ू थमा दिया।।

मुझे भी कुछ पढ़ लिख लेने दो,
कुछ अटखेलियां मुझे कर लेने दो।
अभी उम्र नहीं है मेरी शादी की,
मुझे तितली बन उड़ लेने दो।।

मेरे बचपन को विराम मत दो,
मेरे पुलकित सपनों को टूटने मत दो।
अपने आंगन की तुलसी बनी रहने दो,
खुद से खुद की पहचान मुझे करने दो।।

बाल विवाह एक बड़ा अपराध,
बच्चों के लिए है यह एक अभिशाप।
मेरी तो पढ़ने-लिखने की उम्र है,
और बाल विवाह एक जुर्म है।।

नीलम भास्कर

मिशन शक्ति

मिशन शक्ति है एक अभियान,
आओ हम इसमें शामिल हो जाएं।
जन-जन में बालिकाओं के साथ-साथ,
बालकों को भी इसका भागीदार बनाएं।

यह अभियान पूरी तरह प्रेरणादायक,
नारी सशक्तिकरण को समर्पित है।
सामाजिक कुरीतियों से लड़ने के लिए,
हम सभी का जागृत होना जरूरी है।।

दोनों ही हमारे समाज का भविष्य हैं,
बालिकाएं हैं शक्ति तो बालक है प्रेरक।
हर बालिकाओं को उसकी अंतर्शक्ति जगाना है,
मिशन शक्ति कार्यक्रम को सफल बनाना है।।

हम सब की मां, बहन, सहेली, बेटी, बहू में,
आदर सत्कार का भाव विकसित करना है।
अपने प्यारे उत्तर प्रदेश को भारत का,
सबसे उत्कृष्ट प्रगतिशील प्रदेश बनाना है।।

नीलम भास्कर

गुलफ़शाँ

माता	–	श्रीमती अफसर जहाँ
पिता	–	श्री अब्दुल रऊफ
जन्मतिथि	–	30/08/1995
जन्म स्थान	–	पुखरायां कानपुर देहात
शिक्षा	–	स्नातक, बीटीसी
पद	–	सहायक अध्यापिका
कार्यरत	–	प्राथमिक विद्यालय केवटरा बैंता, ब्लॉक– देवमई, जनपद– फतेहपुर, उत्तर प्रदेश
विधा	–	गद्य व पद्य
गतिविधियाँ	–	आदिकाल, इंदौर समाचार पत्र में कविताएँ प्रकाशित एवं किलकारी कहानी संग्रह में बतौर लेखिका कहानियाँ प्रकाशित

उजियारी सशक्त नारी

पहले वह घर की रानी थी अब उजियारी सशक्त नारी है,
इनके लिए उजियारे का सारा समाज आभारी है।
रूढ़ियां भी तोड़ सारी खेली क्रिकेट की पारी है,
देश की सीमा हो या अंतरिक्ष अब सभी जगह पर नारी है।
गलतफहमी को दूर हटाओ अब सशक्त हुई नारी है,
दृढ़ संकल्पित हुई वह अब ना अबला है ना बेचारी है।
विपत्तियों से डरकर नारी कभी ना हारी है,
नारी के हौसलों की कायल दुनिया सारी है।
गर्वित है इस बात पर अब वह जन्म से ही नारी है,
मुरझाया सा पेड़ नहीं वह पौधे की नई क्यारी है।
दीपक बन चारों ओर उजियारे की तैयारी है,
देश भी महान वही जहां सम्मानित नारी है।
जिंदगी के सफर में ना पहचान केवल भिखारी है,
लगन शील वह सहनशील वह कर्तव्य की पुजारी है।
अवसरों को तलाश आकाश में नारी है,
उन्नत भी वही देश है जिसकी सशक्त नारी है।
नई जिम्मेदारी के संग नई उड़ान पाई है,
न सिकन न थकान यह आज की सशक्त नारी है।
अब तरस खाना उस पर हम सब की लाचारी है,
इनके लिए उजियारे का सारा समाज आभारी है।

गुलपशाँ

स्त्री जीवन का आधार है

स्त्री जीवन का आधार है,
संस्कृति का निखार है।
स्त्री की कभी न हार है,
संघर्ष अभी बारंबार है।।
स्त्री जीवन का आधार है..........

स्त्री परिवार की शक्ति है,
आभारी संपूर्ण सृष्टि है।
स्त्री शक्ति स्वरूपा नारी है,
मां, बेटी, झाँसी की रानी है।।
स्त्री जीवन का आधार है..........

स्त्री सीता है काली है,
प्रेम बरसाने वाली है।
स्त्री विशिष्ट पहचान है,
सम्मान है अभिमान है।।
स्त्री जीवन का आधार है..........

स्त्री तेज परवाज़ है,
न किसी की मोहताज है।
स्त्री करे हर काज है,
सर कर्तव्यों का ताज है।।
स्त्री जीवन का आधार है..........

गुलफर्शां

पहचान अपना अस्तित्व

आसान नहीं है विरोध,
बड़ी ठोस है इनकी रोक,
चुप रही तो क्या हुआ,
सह गई तो क्या हुआ,
मुंह खोल कुछ बोल,
लगता तुझे भी है बुरा,
बल दिखाने के दिन गए,
हथियार नया उनका तारीफ,
शोषण का नया पाठ सीख,
मैनुपुलेट किया जाएगा,
शोषण तेरा किया जाएगा,
पीछे तुझे किया जाएगा,
जब जब तू खुलकर जिएगी,
शर्मिंदा तुझे किया जाएगा,
पहचान अपना अस्तित्व,
ताकि निखरे तेरा व्यक्तित्व,
फिर इतिहास रचा जाएगा,
नाम तेरा लिया जाएगा।

गुलपशाँ

काश मैं बेटी होती

काश मैं अपने पापा का बेटा होती,
तब शत प्रतिशत अपने सारे सपने,
उनकी पलकों तले खुशी से जीती,
काश मैं अपने पापा का बेटा होती।

ना कभी टूटती और न ही बिखरती,
हमेशा जुड़ती, सहजती और निखरती,
जो–जो जी में आता मैं वो–वो करती,
काश मैं अपने पापा का बेटा होती।

ये रूढ़ियां और ये सामाजिक बेड़ियाँ,
ना पापा के ना ही मेरे पैरों में होती,
काश मैं अपने पापा का बेटा होती,
काश मैं अपने पापा का बेटा होती।

गुलफशाँ

ज्योति सागर 'सना'

व्यक्तिगत परिचय

पिता	–	श्री आशा राम सागर
माता	–	श्रीमती वीरवती सागर
निवासी	–	सी ब्लॉक, यमुना विहार, दिल्ली
शिक्षा	–	परास्नातक (फोरेंसिक साइन्स, इंग्लिश), बी0एड0
पद	–	स0अ0
कार्यरत	–	उ0 प्रा0 वि0 सिसाना, बागपत, उत्तर प्रदेश
विधा	–	पद्य (कविता, गीत)
प्रकाशन	–	स्वाभिमान, शहादत वीरों की साझा संकलन में कविताएं प्रकाशित, मिशन शिक्षण संवाद में अब तक 100 कवितायें प्रकाशित, कलामन्थन साहित्यिक समूह में कई रचनायें प्रकाशित।

मीना की सीख

एक है लड़की प्यारी मीना,
सिखलाती है ढंग से जीना।
समस्या को सुलझा लेती,
हार मानती वो कभी ना।।

लड़का-लड़की एक समान,
मीना अक्सर कहती है।
पढ़ो-पढ़ो भाई खूब पढ़ो,
उसको धुन ये रहती है।।

बड़े-बड़ों को भी समझाती,
साफ-सफाई उसे है भाती।
अपने प्यारे मिट्टू के संग,
नित नयी सीख हमें पढ़ाती।।

मीना के जन्मदिन पर हम,
एक पौधा भी लगायेंगे।
केक काटेंगे, खुशियाँ बाँटेंगे,
मीना जैसे सब बन जायेंगे।।

ज्योति सागर 'सना'

अजन्मी बेटी की पुकार

मम्मी और पापा से मेरी इल्तिज़ा है,
आने दो मुझे देखनी ये दुनिया है।
कहते हैं जो मुझे मार दो,
उन्हें भी ज़रा तुम प्यार दो,
कैंची न चलाओ, बचा लो मुझे,
आखिर बताओ मैंने क्या किया है।

मम्मी और पापा से.....
मैं जो आई तो रंग ही बिखराऊंगी,
तेरी परछाई माँ, घर को सजाऊँगी।
राखी, तीज, दूज बोलो कैसे मनाओगे,
मेरे बिना इनका मोल भी तो क्या है।

मम्मी और पापा से....
कैसे बताऊँ तुम्हे, क्या क्या समझाऊँ मैं,
बहन, बेटी, माँ के रिश्ते बनाऊँ मैं,
मैं जो नहीं तो वंश कैसे बढ़ाओगे,
क्यूँ लगता है बेटा मुझसे बड़ा है।

मम्मी और पापा से मेरी इल्तिज़ा है,
आने दो मुझे देखनी ये दुनिया है।

— ज्योति सागर 'सना'

मिशन शक्ति

नारी शक्ति का आज आह्वान हुआ है,
फिर मान हुआ है, सम्मान हुआ है।
अपने अन्दर दुर्गा को जगाना होगा,
जब जब नारी का अपमान हुआ है।।

खुद को तुम कमजोर न समझो,
सही गलत की पहचान करो।
हर कर्म की तुम कर्णधार बनो,
शक्ति बनो, ना तुम लाचार बनो।।

आज की तुम सशक्त नारी हो,
पढ़ो, लिखो आगे ही आगे बढ़ो।
मिशन शक्ति का तुम आधार हो,
असीमित ज्ञान का तुम भंडार हो।।

हम नन्हीं कलियाँ, घर आँगन महकाएंगी,
अपने परिश्रम से अपना नाम बनाएंगी।
जब बालिकाएं और महिलाएं होंगी सुरक्षित,
तब घर और समाज बनेंगें सुव्यवस्थित।।

ज्योति सागर 'सना'

सुनो बाबूजी

लगता है आपसे सबने कहा होगा,
तभी आपने ऐसा किया होगा,
आपकी बिटिया को बड़ा सताया बाबूजी,
लिखते लिखते दिल भर आया बाबूजी।

खुद मैं थी प्यारी गुड़िया सी,
इक नन्ही सोना चिड़िया सी,
मुझे खिलौना क्यूँ बनाया बाबूजी,
गुड़िया सा मुझको सजाया बाबूजी।

अभी तो पंख मेरे खुले भी नहीं,
अभी तो ये कदम कहीं चले भी नही,
फिर क्यूँ ये पिंजरा बनवाया बाबूजी,
पंखों को मेरे कटाया बाबूजी।

भैय्या के लिए हमेशा कॉपी और बस्ता,
मेरे लिए कोई खिलौना एक सस्ता,
क्यूँ मुझको नहीं आपने पढ़ाया बाबूजी,
कोई सपना कल का नहीं दिखाया बाबूजी।

माँ याद आती है, खेल याद आता,
रोटी नहीं बनती तो घर याद आता,
अधिकार मेरा लेके क्या पाया बाबूजी,
बाल विवाह मेरा क्यूँ कराया बाबूजी।

ज्योति सागर 'सना'

मुकेश राही

माता	–	श्रीमती सुनीता देवी
पिता	–	श्री श्याम सुंदर मंडल
जन्मतिथि	–	20 मार्च 1998
जन्म स्थान	–	ग्राम– मालद्वार, पोस्ट एवं थाना – पलासी, जनपद – अररिया, बिहार –854333 .
शिक्षा	–	स्नातक
संपर्क सूत्र	–	9798585754, 8298122726
ईमेल	–	mukeshkumar20398@gmail.com
विधा	–	गद्य एवं पद्य

बेड़ियाँ

जीवन के इस पथ पर,
अब हमें संभलना होगा।
तोड़ इन बेड़ियों को,
अब हमें चलना होगा।।

अपने स्वाभिमान की रक्षा हेतु,
खुद ही लड़ना होगा।
तोड़ इन बेड़ियों को,
अब हमें चलना होगा।।

इस आततायी समाज में,
भय मुक्त बनना होगा।
तोड़ इस बंधन को,
अब हमें चलना होगा।।

मुकेश राही

बेटी हूँ मैं इस देश की

बेटी हूँ मैं इस देश की,
मुझे भी आगे बढ़ जाने दो।

तोड़ इस पिंजरे को,
मुझे भी उड़ जाने दो।

मुझे भी कल्पना बन,
अंतरिक्ष में जाने दो।

बेटी हूं मैं इस देश की,
मुझे भी आगे बढ़ जाने दो।

मुझे भी झाँसी की रानी बन,
दुश्मनों पर मंडराने दो।

अपने पैरों पर खड़े,
मुझे भी हो जाने दो।

बेटी हूं मैं इस देश की,
मुझे भी आगे बढ़ जाने दो।

✍ मुकेश राही

पापा की गुड़िया

पापा की गुड़िया थी मैं,
परियों सी मेरी कहानी थी।

बेड़ियों में बंधने जा रही,
इन सब से अनजानी मैं।

जो सपने देखे थे मैंने ,
वो पूरे ना हो पाएंगे।

बंध कर इन बेड़ियों में,
जकड़कर रह जायेंगे।

पापा की गुड़िया थी मैं,
परियों सी मेरी कहानी थी।

✎ मुकेश राही

नारी

हे नारी तुझे जगना होगा,
इस जग में ना कोई अपना होगा।

जो जुल्म कर रहे हैं तुझपर,
अब उनसे लड़ना होगा।

अपनी लाज बचाने,
तुझे दुर्गा बनना होगा।

हे नारी तुझे जगना होगा,
अब स्वयं तुम्हे लड़ना होगा।

✍ मुकेश राही

दीप्ति राय 'दीपांजलि'

माता	–	श्रीमती जानकी देवी
पिता	–	श्री गिरजा शंकर राय
जन्मतिथि	–	14/8/ 1980
शिक्षा	–	परास्नातक , बीएड ,विशिष्ट बीटीसी
पद	–	सहायक अध्यापक, कंपोजिट विद्यालय, रायगंज, गोरखपुर, उत्तर प्रदेश
प्रकाशित रचनाएं	–	अब तक 52 से अधिक कविताएं साहित्यशाला एवं मिशन शिक्षण संवाद में प्रकाशित हो चुकी हैं इसके अलावा समाचार पत्रों में भी कविताएं प्रकाशित होती रहती हैं ।
शौक एवं रुचियां	–	बच्चों के अनुरूप छोटी–छोटी कविताएं एवं लेख लिखना आज की स्थितियों पर कविताएं एवं लेख एवं चित्रकला, मूर्तिकला एवं अन्य सभी विधियों द्वारा चित्रों का निर्माण करना ।
प्रकाशित पुस्तकें	–	एहसास(साझा संकलन)
अन्य गतिविधियाँ	–	गोबर एवं प्लास्टर आफ पेरिस की मूर्तियाँ बनाना, क्राफ्ट एवं फ्लावर पार्ट्स बनाना व बच्चों को सिखाना ।

उड़ना चाहती हूं मैं

हां मैं बेटी हूं,
विस्तृत गगन में पंछी की तरह उड़ना चाहती हूं मैं।
हर फूल से खुशबू, पाना चाहती हूं मैं।
तमन्नाओं का अथाह सागर है,
उन तमन्नाओं की तस्वीर बनाना चाहती हूं मैं।
मुझसे बहुत दूर है मंजिलें मेरी,
फिर भी उन तक बार–बार जाने की कोशिश करना चाहती हूं मैं।
स्वच्छंद रूप से बंधनों से परे,
अस्तित्व को पाकर जीना चाहती हूं मैं।
स्वयं की सुरक्षा,
अपने मजबूत इरादों से करना चाहती हूं मैं।
भारत के कोने कोने में,
बिना डरे चलना चाहती हूं मैं।
नव शिखर के अग्रिम पथ पर, चढ़ना चाहती हूं मैं।
अंधकुरीतियो को दूर कर घर घर के हर आंगन में,
बेटी बचाओ बेटी पढ़ाओ का अभियान चलाना चाहती हूं मैं।
क्योंकि,
पढ़ेगी बेटी तभी तो बढ़ेगी बेटी, बस यही बताना चाहती हूं मैं।
हां मैं बेटी हूँ,
विस्तृत गगन में उड़ना चाहती हूं मैं।।

दीप्ति राय 'दीपांजलि'

औरत

दिल के ख्वाब सारे किसी कोने में रख आई औरत,

जाने कितने रिश्ते नाते हंसकर संजोती आई औरत।

कहते हैं सभी महान पर क्या कर पाते हैं इनका सम्मान,

निर्बल ,अबला ,असहाय जाने कितने इसके नाम।

पहिए गति सी चलती है, चलती रहती नहीं रुकती है।

फिर सबको क्यों बेचारी लगती है।

सदियों से रही वो साड़ी में।

घर में सिमटी सिसकी बेस्वर,

दूषित नजरों से घूरी जाती राहों में।

अब स्थितियां है बदलाव पर।

दामिनी सी निर्भय होकर,

चमके वह अब हर मंजिल पर।

अब वह दया की पात्र नहीं,

कमजोर असहाय वो अबला नहीं।

खुद की लाज बचाने को,

खुद ही अब वह चलती है।

आंखों में अब भी शर्म लिए

पूर्ण दृढ़ता से वह लड़ती है।

पुरुष नहीं बन सकती वो,

ना ही पुरुषों से कही कम है।

पूर्ण रूप से अडिग प्रकाश से मंडित प्रेम की हकदार है।

ममता, समर्पण, क्षमा सहनशीलता, सौंदर्य,दया सब में परिपूर्ण है।

सर्व निछावर करके वह कर्तव्य शील बनती है,

तभी तो इस जग में वह एक संपूर्ण औरत कहलाती है।।

दीप्ति राय 'दीपांजलि'

आखिर कब तक

उमड़ पड़ी व्यथित हुई, एक करुण वेदना माँ की,
आखिर कब तक और क्यों बेटी की निर्मम हत्या होगी।
क्यों बोझ, विपत्ति और धन व्यय की घोतक समझी जाती बेटी।
मैं मां हूं मैं भी बेटी हूं रोक नहीं पाऊं संहार तेरा मैं बेटी।
एक अजन्मी बेटी बोले।
मुझे कोख में मारने से क्यो तेरा मन ना डोले।
मैं बोझ नहीं तेरे सिर की हिम्मत तेरी बन जाऊंगी।
सुख किरणों की बनकर हृदय आनंदित कर जाऊंगी।
बेटी का जन्म नहीं होगा, बेटे को किस बेटी से ब्याहेंगे।
कोई बहन ना होगी तो, भाई राखी किससे बंधवाएंगे।
कन्या पूजन की विधि भला, कैसे सब निभाएंगे।
हे मां! मुझे मारने की इस हृदय विदारक मनसा को हृदय से त्याग जरा,
माना मैं तेरी बेटी हूं, पर बेटा मैं भी बन सकती।
तेरे बेटे सा पढ़कर मैं भी, जीवन की लाठी बन सकती।
तू भी लाचार जीवन भर, बेटी होने का अपमान सहती है।
इस करुण सभ्य संसार में, अजन्मी बेटी की हत्या होती है।
मैं गर्भ में बैठी पूछ रही क्यों मुझ नन्ही कली का संहार करोगे।
भला बता दो धरा पर बेटी को आखिर कब तक तुम मारोगे।

दीप्ति राय 'दीपांजलि'

अभी मुझे निखरने दो

बेटी को क्यों बोझ समझ कर नासमझी में,
बाल विवाह किया।
विस्तीर्ण विशाल ना हो पाया जीवन,
नव कलियों को बंधन में बांध दिया।
जीवन में अब बस अंधकार छाया।
छोटी कलियों को डसने विवाह रूपी तिमिर आया।
वह चंचल कोमल क्षण भर भी,
नहीं ठहरती किसी भी पथ पर।
वह सुन्न चुपचाप पड़ी,
अब दीर्घ मौन धारण कर।
बिखर गया सब कुछ उसका।
वह अभागी बेटी बन बैठी,
क्यों असहाय पीड़ा मिली उसे,
जीवन हुआ मरघट उसका।
अब कुछ जतन करें हम,
बाल विवाह को रोके हम।
ना मुरझाए कच्ची कलियां,
उनका जीवन सवांरे हम।
शादी की जल्दी क्यों करते,
इन्हें जरा निखरने दो, इनको थोड़ा पढ़ने दो,
मत झकझोरो मत तोड़ो बालपन पूरा करने दो।
थोड़ी बुद्धि का बेल सिर पर चढ़ने दो, चिड़िया सा थोड़ा उड़ने दो,
ना करो अभी व्याह मेरा मुझको अभी निखरने दो।।

✎ दीप्ति राय 'दीपांजलि'

सीमा मिश्रा

व्यक्तिगत परिचय

माता	– श्रीमती रानी पाण्डेय
पिता	– डा0 अशोक कुमार पाण्डेय
पति	– श्री ब्रजेश कुमार मिश्र
जन्मतिथि	– 30/06/1978
जन्मस्थान	– जनपद– फतेहपुर, उत्तर प्रदेश
शिक्षा	– एम0 ए0 (भूगोल), बीएड0
पद	– स0 अ0
कार्यरत	– कम्पोजिट विद्यालय काजीखेड़ा, खजुहा, फतेहपुर
सम्पर्क सूत्र	– 7376267290
विधा	– पद्य एवं गद्य
अनुभव	– विभिन्न पटलों पर आयोजित ऑनलाइन काव्य संगोष्ठियों में प्रतिभाग
प्रकाशित पुस्तक	– कोरोना काल में कवित (साझा संग्रह)
प्रकाशन	– हम हिन्दुस्तानी, अमेरिका सृजन आष्ट्रेलिया अन्तर्राष्ट्रीय पत्रिका समेत द ग्राम टुडे, अमर उजाला, वूमेन एक्सप्रेस, कोल्डफील्ड मिरर, आस्ट्रेलियांचाल ईपत्रिकाओं सहित 20 से अधिक पत्र– पत्रिकाओं में 500 से अधिक रचनाओं का प्रकाशन।

बाल विवाह

पापा मैं गुड़िया हूँ तुम्हारी गर्व और पहचान हूँ,
खेल खिलौने साथी मेरे कोमल और नादान हूँ।

शीतल छाया माँ की मुझको हर पल है सहलाती,
आप की गोदी पाकर मैं और नटखट हो जाती,
दुनियां की दुर्दम्य लालसा से बिल्कुल अन्जान हूँ,
खेल खिलौने साथी मेरे कोमल और नादान हूँ।

गुड्डे गुड़ियो की बारातें धूम धाम से सजाती,
ब्याह रचाती उनका मैं खुद बन बाराती जाती,
रीति रिवाज मैं न जानू नियमों से आजाद हूँ,
खेल खिलौने साथी मेरे कोमल और नादान हूँ।

अभी तो मेरे पंख है निकले उड़ना नील गगन है,
नयनों में है लक्ष्य बसा मुझे छूना ज्ञान शिखर है,
बाधों न मुझको बन्धन में मैं तेरी ही पहचान हूँ,
खेल खिलौने साथी मेरे कोमल और नादान हूँ।

छोटी उम्र में पापा मुझको ब्याह नहीं सकते आप,
नन्हीं सी गुड़िया हूँ तुम्हारी मार नहीं सकते है आप,
वसुधा पर लाए मुझको तुम मैं तेरा स्वाभिमान हूँ,
खेल खिलौने साथी मेरे कोमल और नादान हूँ।

सीमा मिश्रा

बेटी बचाओ बेटी पढ़ाओ

बेटी है अनमोल धरोहर सींचो मिल कर प्यार से,
यदि सभ्यता सुरक्षित रखनी बचा रखो इसे क्षार से।

गर्भ में आते ही जीवन संघर्ष रूप धर लेता है,
माँ की गोद में आते ही उपवन खुशियाँ हर लेता है,
कोमल मन में इन्द्रधनुष के रंग भरो सम्मान से,
बेटी है अनमोल धरोहर सींचो मिल कर प्यार से।

साहस की परछाई है वो शक्ति और विश्वास है,
भोर सुहानी बन कर आती मानवता की आस है,
वीणा वादिनी की छाया वह शोभित है संस्कार से,
बेटी है अनमोल धरोहर सींचो मिल कर प्यार से।

दुनियाँ की पहचान उसी से लेखन की वह स्याही है,
स्वयं में एक विद्यालय है वह ज्ञान की पूँजी सारी है,
दो–दो कुलों का मान है बनती कर्तव्यों के ज्ञान से,
बेटी है अनमोल धरोहर सींचो मिल कर प्यार से।

इसे पढ़ाकर खुद पर ही उपकार करोगे हे मानव,
ये जननी संस्कारों की सहयोग करो तुम हे मानव,
कौन हो तुग कहां रोआये पूछो अपने अभिमान से,
बेटी है अनमोल धरोहर सींचो मिल कर प्यार से।

✎ सीमा मिश्रा

बेटियां

दीनता की कड़ी क्यों यही बेटियां,
धीरता की लड़ी क्यों यही बेटियां।
जन्म से ही जननी बनी भाग्य की,
अग्नि में होम क्यों फिर यही बेटियां।
देवी का रूप नौ दिन यही बेटियां,
नेह का भोग पाती यही बेटियां,
क्षण में ही रंग बदले मनुज चेतना,
झेलती वासना क्यों यही बेटियां।
कर्म की साधिका है यही बेटियां,
नयनों की तारिका है यही बेटियां
भेद भावों का संसार मिलता जिन्हें,
प्रेम की पालिका है यही बेटियां।
गुड्डे गुड़ियों में दिखती यही बेटियां,
सरिता अविरल सी बहती यही बेटियां,
मौन की वेदना मन में संचित करें,
अश्रु में भीगती फिर यही बेटियां।
खुशियों की दीपमाला यही बेटियां,
होली की रंगशाला यही बेटियां,
तीज त्योहार सूने है जिनके बिना,
गीतों की तान मधुरिम यही बेटियां।
मान सम्मान घर का यही बेटियां,
साज श्रृंगार तन का यही बेटियां,
मां के आंचल के आशीष का सार है,
तात के प्राणों में बसती यही बेटियां।

सीमा मिश्रा

दहेज हत्या

खेत और खलिहान बिके थे, जिस बेटी की शादी में,
ओढ़ चुनरियाँ लाल चली है, वो मिलने अब माटी में।
स्वप्नों की गठरी देकर, बिटिया को विदा किया था,
निज थाती को थाती संग, दूजों को सौंप दिया था।
सोंचा था बिटिया महलों की रानी बनके रहेगी,
भूल के बाबा की बगिया, कोयल सी कूक भरेगी।
लेकिन सतरंगी सपने पल में ही बिखर गए थे,
लालच के पंजों में, जीवन के पर छित्तर गए थे।
दो दिन चैन से न रखा, रिश्तों के ठेकेदारों ने,
दिल दहलाने लगे वो उसका, मार–मार फुफकारों के।
भूख प्यास से तड़पाते, नरकीय दशा कर डाली,
प्यारी सी कोमल कलिका, अंगारों में धर डाली।
मांगे रोज थी बढ़ती जाती, कभी पैसा कभी समान,
दिन प्रति दिन गिरता जाता था, रिश्तों का ईमान।
बेटी पिता से कुछ न कहती, आंसू थी पीती जाती,
नित दहेज की चक्की में वह, हर पल पीसी जाती।
एक दिन आंगन थर्राया, रिश्तों की जली दीवाली,
ओढ़ चुनरिया लाल चली वो, बिटिया भोली भाली,
इस दहेज के अग्निकुंड में, एक समिधा पड़ गई,
पिता के खेत खलिहानों संग, बेटी भी जल गई।।

सीमा मिश्रा

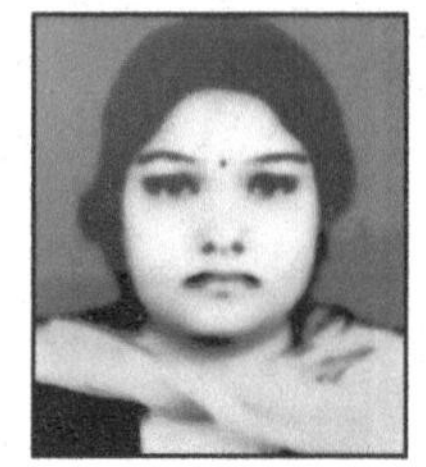

बरखा वर्मा

पिता का नाम	–	श्री प्रहलाद राय वर्मा
माता का नाम	–	श्रीमती जीवन लता वर्मा
जन्मतिथि	–	18.02.1979
जन्म स्थान	–	हापुड़ जनपद- हापुड़, उत्तर प्रदेश
शिक्षा	–	एमएससी., बीएड.
पद	–	सहायक अध्यापिका
कार्यरत	–	प्राथमिक विद्यालय धनोरा, ब्लॉक- हापुड़, जनपद- हापुड़
प्रकाशित कृति	–	किलकारी (साझा संकलन)

आज की नारी

नारी हूँ कमजोर नहीं,
बीतेवक्त की कोई डोर नहीं।
जो चाहे जैसे मुझको उड़ा ले,
पतंग की मैं कोई डोर नहीं।।

अरमानों से भरी ओजों से परिपूर्ण हूँ मैं,
रोके से अब नहीं रुकूंगी तेज नदिया की धार हूँ मैं।
अपना जीवन जीने को,
पूर्ण रूप से तैयार हूँ मैं।।

रूढ़िवादी बंधनों में अब नहीं बंधूंगी मैं,
नई शिक्षा की धारा में आगे बढ़ चलूंगी मैं।
मां बनकर ममता लुटाई है,
पत्नी बन सुख दुख में भी हिस्सेदारी निभाई है।।

बहन बन स्नेह लुटाया है,
नारी होने का हर कर्तव्य निभाया है।
मुझको समझोगे तो हर वक्त साथ निभाऊंगी,
मेरे जज्बातों से अगर खेलोगे तो काली चंडी बन जाऊंगी।।

ठंडी हवा का झोंका हूँ मैं,
शीतल पानी का झरना हूँ।
प्यार से सींचोगे तो जहाँ कहोगे,
वहीं तुम्हारे लिए धरा बन जाऊंगी मैं।।

बरखा वर्मा

चेतावनी

चीर हरण हुआ जो द्रोपदी का महाभारत रच डाला।
कृष्ण कन्हैया बंसी बजईया ने महाभारत में यह उपदेश दे डाला।।

करो आदर स्त्रियों का तो हर जगह आदर पाओगे।
अन्यथा दुर्योधन दुशासन की तरह भरी जवानी में मारे जाओगे।।

इतिहास उठाकर देख लो करोगे निरादर स्त्रियों का तो,
हर जगह तिरस्कार पाओगे।
जीते जी इसी पृथ्वी पर नरक भोगकर,
फिर नर्क में जाओगे।।

नारी जहां पूजी जाती वहीं देवता बसते हैं।
नारी का सम्मान करो तुम, बस यही प्रार्थना करते हैं।।
बस यही प्रार्थना करते हैं..........

— बरखा वर्मा

सपने

आज आकाश में बादल छाए हैं।

हमको कुछ बीते सपने याद आए हैं।

जो छूट गए हाथों से मिट गए यादों से।

पता नहीं क्यों आज फिर से वह सब याद आए हैं।

सपना अपने लिए जीने का, सपना अपनों के लिए कुछ कर जाने का।

जीवन के इस मोड़ पर जब उम्र नजर आती है।

तो अपने सपनों को जीने के लिए फिर से ख्वाहिशें जागती हैं।

बस अब और नहीं अपने सपनों को टूटने दूंगी।

चाहे जैसे भी हो अपने लिए फिर से जिऊंगी।

अब अपने लिए जीना है खुद को सजाना है।

बहुत मनाया सबको अब खुद को मनाना है।

बच्चे उड़ चले अपनी-अपनी राह पर।

अपना हर कर्तव्य पूरा किया अब अपनी बारी है।

वक्त है अब अपने सपने पूरे करने का।

सूख चुके सपनों को फिर से सींचने का।

धूमिल हुई ख्वाहिशों को फिर से जीने का।

बरखा वर्मा

नारी

सोलह सावन बीत गए जवानी के दिन किधर गये,
घर गृहस्ती संभालते संभालते ना जाने कब बाल
सफेद हुए।
शादी के दो साल बाद हाथों की मेहंदी छूट गई,
हरे काँच की चूड़ी भाग्य ने तोड़ दी।
दो बच्चे आंचल में लेकर मैं अपने सफर पर निकल चली,
रस्मों रिवाज के बंधन तोड़े रोने के तरीके छोड़े।
प्यार का बंधन जिससे बंधा वह रास्ते में छोड़ चला,
उसकी दो निशानी लेकर मैं जीवन के पथ पर निकल चली।
आंखों में आंसू लेकर अधरों पर मुस्कान लिए,
हर चुनौती पार करती चली।
जीवन रुकने का नाम नहीं,
कुछ सोचे बैठे इसके लिए समय नहीं।
घड़ी का पहिया चलता रहा,
मेरा कठिन समय भी अब नहीं रहा।
आज अपने बच्चों के साथ मैं फिर जवान हो चली,
ईश्वर के आशीर्वाद से और नारी शक्ति से,
आज मैं अपने पैरों पर खड़ी हुई।।

बरखा वर्मा

नीलम नारंग

व्यक्तिगत परिचय

जन्मतिथि	–	21 जून, फतेहाबाद, हरियाणा
मूल निवासी	–	हरियाणा
माता का नाम	–	स्व . ज्ञान देवी
पिता का नाम	–	स्व . बनारसी दास
पति का नाम	–	स्व . राकेश नारंग
विधा	–	कविता, गजल, लघुकथा , कहानी ,गीत , लेख , संस्मरण आदि

उपलब्धियाँ – पहली लघुकथा 'मेरा समाज अलग कैसे' अमर उजाला में छप्पी । कई कविताएँ, लघु कथाएँ, गजलें विभिन्न राष्ट्रीय स्तर की पत्र पत्रिकाओं में छपती रही हैं । बहुत सी कविताएँ सांझा काव्य संग्रह में प्रकाशित हो चुकी है । कुछ लघु कथाएँ साझा लघु कथा संग्रह में प्रकाशित हो चुकी है । 10 नवम्बर 2019 को शब्द शक्ति संस्था द्वारा पिता पर लिखी कविता के लिए सम्मानित । जैमिनी अकादमी व भारतीय लघुकथा विकास मंच द्वारा लघुकथाओं के लिए सम्मानित । कोरोना पर लिखी कविताओं के लिए कई अन्य संस्थाओं द्वारा सम्मानित । वक्त की आवाज काव्य संग्रह में मेरी कविताएँ प्रकाशित babasta e zindgi नाम से फेसबुक पर मेरा पेज है, इसी नाम से ब्लाग है और यूट्यूब चैनल है ।

मोबाइल	–	9034422845
ई-मेल	–	neelamnarang21@gmail.com

बेड़ियाँ

नहीं पहननी मुझको पायल
ये पायल बेड़ियों सरीखी लगती है
जो रोक लेती है मुझे आगे बढ़ने से
मत खरीदा करो मेरे लिए
ये लाल पीली हरी चूड़ियाँ
ये उलझा देती है मुझे
जिन्दगी की रंगीनियों में
कुछ देना है तो दो हौसला
कर सकूँ हाथों का प्रयोग
हथियार की तरह
वक्त आने पर
भर दो मुझमें आत्मविश्वास
सामना कर सकूँ उन दरिंदों का
देखते है जो मुझे गंदी नजरों से
भर दो मेरी वाणी को ओज से
जवाब दे सकूँ उनकी गलत बातों का
जलाए रखना आशा का एक नया दीप
मेरे लिए हरदम
घिर जाऊँ जब कभी निराशापूर्ण भाव से
विश्वास मुझपर बनाए रखना
ना दाग लगने दूँगी पापा के नाम को
बस इतनी सी चाहत है मेरी
साथ देना मेरा तब भी तुम
जब सारी दुनिया मेरे खिलाफ हो ।

नीलम नारंग

साक्षरता

खो गई है होंठो की हँसी,

मर गया है आँख का पानी,

खो गया है दिल का चैन,

साक्षरता की है जब से मैंने ठानी,

धूम रहा हूँ गली-गली,

शहर बाजार चौबारे और ढाणी,

पढ़ने में रुचि दिखा रहे हैं वो भी,

जो लाते दो कोस से पानी,

पढ़ाने आए हैं हम शहर से,

पढ़ाकर ही जाएँगे तुझे ए रानी,

अपने को कभी कम मत समझना,

तूने है पढ़ाई की कीमत जानी,

वाक्य भी बन ही जाएगा,

जब अक्षर से अक्षर है मिल जानी,

आ थोड़ी सी मेहनत कर ले ,

अब बन ही जाएगा तू ज्ञानी।

— नीलम नारंग

आक्रोश

देखकर छात्राओं का आक्रोश

मैं भी रह ना सकी

आ गया मुझको भी जोश

दबी हुई आकांक्षाएँ

कुचली हुई इच्छाएँ

आ गई याद कुछ

अतीत की कड़वी बातें

बस फिर तो रहा ना कुछ होश

देखकर छात्राओं का आक्रोश

मैं भी रह ना सकी खामोश

जिन बातों का विरोध लड़कियाँ कर रही हैं अब

होना चाहिए था दशकों पहले

मिल जाती जो एक भेड़िए को सजा

हो जाते बाकी सब खामोश

लग जाता उनपर अंकुश

हो जाते वो सभी सरफरोश

देखकर छात्राओं का आक्रोश

मैं भी रह ना सकी खामोश

दाद देती हूँ इन बेटियों की

नमन करती हूँ इनके माँ बाप को

वरदहस्त रखा जिन्होंने सर पर

होने ना दिया इनको हताश

देखकर छात्राओं का आक्रोश

भी रह ना सकी खामोश....।

नीलम नारंग

सबला

धीमे धीमे सिसकती रही

मन ही मन सुलगती रही

जार जार रोती रही

नहीं सुनी मेरी किसी ने एक

जितनी दबी उतनी दबाई गई

पल पल एक चिंगारी दहकती रही

पलकों पे आँसू होंठों पे मुस्कान

दिल में गुबार

जिस्म में जान ढ़ोती रही

दिल के किसी कोने में गुस्सा दबता रहा

हर दुख को सहती रही

गम को पीती रही

आखिर दबे रोष को एक दिन चिंगारी मिल गई

उठ खड़ी हुई अपने ही खिलाफ

नहीं बस अब और नहीं

क्यूँ और किसके लिए

अब कुछ नहीं सुनूंगी

जो आँसू तुमने मुझे दिए है

लौटा दूँगी मै वो सब

आग जो तुमने सुलगाई

यही शोला अब तुम पर गिरेगा

अब मै अपना वजूद खुद बनूँगी

अबला नहीं अब मै सबला बनूँगी

अबला नहीं अब मै सबला बनूँगी ...।

— नीलम नारंग

रचना शर्मा 'राही'

व्यक्तिगत परिचय

पिता   – श्री राधाचरण शर्मा
माता   – श्री मती कमलेश शर्मा
शिक्षा   – स्नाकोत्तर, शिक्षा स्नातक (संस्कृत)
व्यवसाय   – प्रवक्ता संस्कृत
लेखन विधा   – गद्य, पद्य व मुक्तक विधा में लेखन।
पुरस्कार व सम्मान– रूबरू मंच द्वारा कविता व कहानी विधा में साहित्य श्री
सम्मान। प्रितिलीपी पर पाठकों की पसंद में चयन कहानी
विधा में। The साहित्य द्वारा author of the month
award, story mirror द्वारा 15 विशेष कहानियों में
'अनुभूति की उड़ान' कहानी का सातवें नंबर पर चयन।
'उसका फ़ैसला' कहानी का स्टोरी मिरर द्वारा आयोजित
उड़ान भरते कलाकार प्रतियोगिता में पांचवे नंबर पर
चयन। स्टोरी मिरर द्वारा 'बचपन से पचपन' प्रतियोगिता में
पांचवे स्थान पर कविता का चयन। काशी काव्य संगम
द्वारा 'काव्यांजलि' सम्मान The साहित्य द्वारा 'सर्वश्रेष्ठ
प्रेरक' सम्मान। ग्लोबल फाउंडेशन द्वारा इंडियन अचीवर्स
अवॉर्ड। शिक्षक सेवा सम्मान व शिक्षक रत्न सम्मान।
प्रत्येक वर्ष 100% परीक्षा परिणाम पुरस्कार।

मासूम कन्या की पुकार

नवजात शिशु का रूदन, सुनकर मैं गई सहम।
मैंने समीप से उसे देखा, था वो जीव अकेला।।
सीने से लगाते ही मुझे नवजात सुता दी दिखाई।
ईश्वर ने उसके लिए भी यही दुनिया है बनाई।।
उसके नन्हे शरीर पर दिखे अनगिनत घाव।
विचलित कर रहे थे मुझे उसके हाव भाव।।
अनकहे प्रश्न कर रहीं थीं उसकी मासूम निगाहें।
आज भी उनके उत्तर ढूंढ रहीं उसकी आंहे।।
झकझोर दिया जिन्होंने मेरा भी अंतर्मन।
आपके समक्ष प्रस्तुत कर रही हूं वे प्रश्न!
मनुष्य की कैसी मनोदशा कौन सी विवशता??
भुलाकर इंसानियत दिखाई ऐसी पाशविकता।
क्या कन्या होने का ही मिला उसे यह दंड??
कब बदलेगा समाज अपने ये दोहरे मापदंड ??
मां को भी ग्लानि पुत्री जन्म पर है होती।
सभ्य समाज की मानसिकताएं हैं इतनी थोथी।।
कन्या सृष्टि का मूल, कन्या है वरदान।
कन्या अन्नपूर्णा, कन्या है अभिमान।।
कन्या ही गर इस संसार में न रहेगी!
तो मातृत्व की अजस्र धारा कैसे बहेगी??
अब बदलने चाहिए ये प्राचीन विचार।
कन्या को भी मिलने चाहिए समान अधिकार।।
समाज को संकुचित दायरे से बाहर निकलना होगा।
तभी कन्या रूपी वृक्ष पुष्पित पल्लवित होगा।।

रचना शर्मा 'राही'

बेटियां

आज भी इस समाज में, इस सदी इस राज में।
लड़की या लड़का जब यह प्रश्न है उठता??
मैं रह जाती हूं हैरान क्या बेटों से ही है शान??
क्यूंकि यहां....
मांगे जाते हैं बेटे, पैदा हो जाती हैं बेटियां।
दुलार पाते हैं बेटे, दुत्कारी जाती हैं बेटियां।
सींचे जाते हैं बेटे, लहलहाती हैं बेटियां।
यदि रुलाते हैं बेटे, तो हंसाती हैं बेटियां।
नीचा दिखाते हैं बेटे, आसमान छू जाती हैं बेटियां।
सफल कराए जाते हैं बेटे, सफलता पाती हैं बेटियां।
सजीले स्वप्न दिखाते हैं बेटे, जीवन की वास्तविकता बेटियां।
जब आंसू देते हैं बेटे, तब आंसू बहाती हैं बेटियां
मान सम्मान खोते हैं बेटे, पहचान बनाती हैं बेटियां।
मंजिलों को ढूंढते हैं बेटे, मुकाम पाती हैं बेटियां।
ज़ख्म दे जाते हैं बेटे, मरहम लगाती हैं बेटियां।
भेदभाव नहीं, हो सम्मान बेटे हों या बेटियां।
वर्तमान हैं यदि बेटे, तो भविष्य हैं बेटियां।।

✍ रचना शर्मा 'राही'

मैं बेफिक्र होना चाहती हूं

मेरा पीछा करने वाली भीड़ से,
अब मैं बचना चाहती हूं।
खुद के मन से हर खौफ भगाना चाहती हूं।
दूर कहीं उस एकांत में,
जाना चाहती हूं।
मैं पहाड़ों की खामोशी में,
खो जाना चाहती हूं।
जहां कोई न मुझे पहचाने न जाने,
ऐसा जहां मैं पाना चाहती हूं।
दूर तक फैले पेड़ पास दिखता आसमां,
जहां कोई न सुने मेरी आवाज़,
वहां खुलकर खिलखिलाना चाहती हूं।
जहां कोई न हो आसपास,
वहां मैं मस्त अल्हड़ बनना चाहती हूं।
बांहे फैला मैं ठंडी हवा की छुअन,
महसूस करना चाहती हूं।
दूर उन रास्तों पर मीलों चलकर,
थककर चूर होना चाहती हूं।
सुबह का सूर्योदय शाम का सूर्यास्त
रात का चांद निहारना चाहती हूं।
सुकून से लेटकर धरती की गोद में
मैं तारों से बतियाना चाहती हूं।
बच्चों सी निश्चल बेफिक्र होकर,
मैं आंखों में ख्वाब सजाना चाहती हूं।

✍ रचना शर्मा 'राही'

एक मासूम कली

एक नन्हीं कली उग आई कहीं,
माली ने उसको सहलाया संभाला।
धीरे धीरे होने लगी बड़ी वो खूबसूरत जवां,
हरदम चहकती फुदकती यहां से वहाँ।
पर वो मासूम थी इस सच से अंजान,
कि अच्छा लगने वाला इंसान है अंदर से हैवान।
ज्यों ही समय बदलता गया,
एक खौफ़ सा उसके मन में बढ़ता गया।
लोगों की भी नज़रें अचानक बदलने लगीं,
जो कहते थे उसको बेटी,
समझने लगे अब कमसिन कली।
बाहर निकलो तो हर कोई करना चाहे उसका शिकार,
घर में भी हमदर्दों की शक्ल में भेड़ियों का बिछा हुआ था जाल।
सोचने लगी वो बेचारी! किस्मत की मारी,
हाय! आख़िर क्यूँ मैं इस दुनिया में आई।
बेचारी वो मासूम कली,
फूल बनने से पहले ही मुरझाई
किसी ने उसको नज़रों से नोचा,
किसी ने हवस में दबोचा।
किसी ने उसकी अस्मत को लूटा,
किसी ने चीरा उसका बूटा बूटा।
इंसान ने ऐसी हैवानियत दिखाई,
असमय ही उस मासूम की हो गई विदाई।।

रचना शर्मा 'राही'

नम्रता श्रीवास्तव

माता	–	श्रीमती वंदना श्रीवास्तव
पिता	–	श्री स्वामी शरन श्रीवास्तव
पति	–	श्री नमिष श्रीवास्तव
जन्मतिथि	–	10-04-1981
जन्मस्थान	–	लखना ,जनपद– इटावा उत्तर प्रदेश
शिक्षा	–	परास्नातक,बी.टी.सी., बी.एड.
पद	–	प्र0अ0
कार्यरत	–	प्रा0 वि0 बड़ेहा स्योंढ़ा, क्षेत्र– महुआ, जिला– बांदा
संपर्क सूत्र	–	9758815205
विधा	–	गद्य एवं पद्य
उपलब्धियां	–	समाचार पत्र – युगवाणी, अमृत राजस्थान, ग्राम टुडे पोर्टल, दैनिक युगपक्ष, पोर्टल बेबसाइट –साहित्य शाला, मानस कविता, मिशन शिक्षण संवाद बांदा
काव्य संग्रह	–	कोरोना काल में कविता, चांद पर इश्क, तेरा मेरा साथ, तेरे आगोश में, ख्वाबों की दुनिया, काव्य सृजन वाटिका, आपदा प्रबंधन साझा संकलन, वक्त की आवाज, प्रतिभा साझा काव्य संग्रह, मेरी माँ, काव्यानुभूति, काव्य उषा, बाल गुंजन, वतन के रखवाले
कहानी संग्रह	–	किलकारी (बाल संग्रह) अंतर्मन के शब्द, काव्यकुंज धारा लघु कथा संकलन

गुड टच-बैड टच

बच्चे नहीं है नाजुक अनजान,
रखते हैं वो भी जहां का कुछ ज्ञान।
हित अनहित पशु पक्षी जाने,
फिर हम सब तो हैं इंसान।।

गुड टच-बैड टच बच्चों को बताना,
अपने पराए का स्पर्श समझाना।
माता-पिता पारिवारिक सदस्य हैं अपने,
उनका स्पर्श स्नेह पूर्ण समझना।।

बालिकाओं के प्रति बढ़ती यौन हिंसा,
जागरुक करना हम सब की है मंशा।
पोस्टर और फ्लेक्स होंगे सहायक,
अभिभावकों से भी सहयोग की इच्छा।।

जिस स्पर्श से मन हो परेशान,
मुश्किल में लगे तब अपनी जान।
तुरंत जोर-जोर से चिल्लाना,
माता-पिता को न रखना अनजान।।

बाल शोषण को यदि है रोकना,
अपनी आवाज फिर बुलंद रखना।
हिंसा से स्वयं को तुम्हें है बचाना,
अच्छे बुरे का अंतर समझना।।

✍ नम्रता श्रीवास्तव

दहेज हत्या

बचपन की वह नाजुक कली,
बन सयानी हो गयी खड़ी।
माता-पिता फिर चिंता में डूबे,
विवाह की सोच आन पड़ी।।

ससुराल की दहलीज पर पहुंची,
दुर्गम पथ राह थी ऊंची-नीची।
तानों ने जीवन किया मुहाल,
रोए अब मुख हाथों में भींची।।

कभी संगिनी, कभी भगिनी बन,
उसने लुटाया तुम पर प्यार।
फिर क्यों दहेज का दानव बन,
तुमने किया खुशियों पर वार।।

बंद करो यह दहेज प्रथा,
रुकनी चाहिए ये कुत्सित प्रथा।
कलेजे के टुकड़े को जिसने दिया,
दहेज से ना जलाओ उसकी चिता।।

समय अभी भी फिसला नहीं है,
कुंठित सोच को त्यागा नहीं है।
परिवर्तित करो तुम अपना व्यवहार,
अभी ना रुके फिर समय नहीं है।।

नम्रता श्रीवास्तव

मीना मंच के दायित्व

किशोरियों का,
शंका समाधान हो,
यही उद्देश्य।
उपलब्ध हो,
मंच अभिव्यक्ति को,
बालिकाओं को।
नेतृत्व एवं,
सहयोग भावना,
रहे मुखर।
सृजन एवं,
लेखन पेंटिंग का,
कौशल आए।
उत्कृष्ट स्तर,
जीवन यापन में,
दिखलाई दे।
अधिकारों को,
सजग रहें नारी,
नहीं बेचारी।
कुठाराघात,
सामाजिक कुप्रथा,
पर करना।

✍ नम्रता श्रीवास्तव

घरेलू हिंसा

घरेलू हिंसा ना अच्छी, बात बताऊं मैं सच्ची।
गलती मानों अपनी, जीवन सुधारिए।।

जीवन ईश्वर का दिया, हमने क्यों दुख जिया।
सब हमारे अपने, सत्यता को जानिए।।

नारी पर अत्याचार, संस्कृति पर प्रहार।
रोकना इस जुल्म को स्वीकार भी कीजिए।।

क्या पाओगे सताकर, बस अब इति कर।
मानसिक शारीरिक, प्रताड़ना रोकिए।।

महिला संरक्षण का, अधिनियम सुरक्षा।
शोषण नहीं सहन, अब रोक लीजिए।।

सेवा प्रदाता से मिलो, परेशानी तुम कहो।
कानून भी सहयोगी, स्वीकार ये कीजिए।।

कई संस्थाएं हैं बनी, शपथ रोकने की ली।
प्रेम का रिश्ता बनाएं, नारी देवी मानिए।।

समानता का पाया है, अधिकार भी जाया है।
कमतर नहीं नारी, सम्मानित कहिए।।

नम्रता श्रीवास्तव

वन्दना जाधव

मैं वन्दना जाधव माध्यमिक शिक्षक वर्तमान में शासकीय कन्या उच्चतर माध्यमिक शाला हरसूद, जिला-खण्डवा, मप्र में पदस्थ हूं। मेरा जन्म मध्यप्रदेश के बैतूल जिले के एक छोटे से ग्राम खड़की में एक जुलाई सन1976में हुआ था। जहाँ उस समय मात्र प्राथमिक स्तर तक की ही शाला थी। प्रारम्भिक शिक्षा प्राप्त करने के पश्चात आगे हायर सेकेंडरी की शिक्षा छात्रावास में रहकर समीप के ग्राम से प्राप्त की। इस प्रकार समाजशास्त्र एवं अंग्रेजी विषय मे एम ए तथा डीएड, बीएड शिक्षकीय पद पर सेवाएं देते हुए किया। जीवन मे कई उतार चढ़ाव आये, उन्ही अवसादों से निकलने के लिए मैंने कविताएं लिखना शुरू किया और लिखना मेरा शौक बन गया। वर्तमान में माध्यमिक विभाग में बालिकाओं को शिक्षा देते हुए अत्यंत सौभाग्य का काम एवं गर्व महसूस करते हुए सेवाएं दे रही हूं।

कार्यरत   – माध्यमिक शिक्षक, शास . कन्या उच्चतर माध्यमिक शाला, हरसूद, जिला- खण्डवा, मध्य प्रदेश

नीलकंठ सी होती हैं

जीवनभर पीती है विष को,
थोड़ा-थोड़ा ही सही पर,
हर लेती हैं अपनों के दुःख को।
कितने ही दर्द लिए,
जी जाती हैं जग को,
नीलकण्ठ सी होती हैं स्त्रियां।।
संवारने अपने कुल को,
कदम दर कदम घुटती है खुद में,
समाज के डर में,
तो कभी अपने ही घर में,
कैद हो जाती हैं खुद में,
नीलकंठ सी होती है स्त्रियां।।
पिता के घर में,
तो कभी भाई के डर में,
माँ के आँचल की छांव में,
सिमट जाती हैं अपने ही मन में,
जहर पीती हैं घुट-घुट के,
नीलकंठ सी होती है स्त्रियां।।
लड़ती है दुनिया से अपने ही हक में,
ममता का साया बनकर,
लेती है सभी को आलिंगन में,
सपनो को न्यौछावर कर देती हैं,
प्रेम में,,,,,,
नीलकण्ठ सी होती है स्त्रियां।।

✑ वन्दना जाधव

मैं हूं

अपने अंतर्मन की,
शहंशाह भी मैं हूँ।
जीवन के ऊहापोह की,
प्रबन्धक भी मैं हूँ।
इस जंगी मैदान में,
तलवार भी मैं हूँ।
हारे हुए युद्ध की,
विजय भी मैं हूँ।।
उलझे हालातों की,
सुलझन भी मैं हूँ।
टूटते हौसलों में,
साहस भी मैं हूँ।
अंधेरे पथ पर,
रौशनी भी मैं हूँ।
भोर से साँझ तक,
जिम्मेदारी भी मैं हूँ।।
तार्किक प्रश्नों के,
उत्तर भी मैं हूँ।
मेरा ही अवलोकन और,
विश्लेषण भी मैं हूँ।
आंकलन भी मेरा और,
मूल्यांकन भी मैं हूँ।
शब्दों में खामोश,
विकल्प भी मैं हूँ।।

वन्दना जाधव

नारी नही तू नर है

अब वक्त से प्रखर है,
नारी नही तू नर है।
कहते हैं तू अबला बेचारी है,
तुझसे कुछ न होगा, लाचारी है।
चलती है राहों में तो,
वहशी समझे तू उसका,
कर है।
कपां उनको अब थर-थर है।।
अब वक्त से प्रखर......
अरि नही कोई और तेरा,
कुछ बाहर कुछ घर हैं।
अपने ही कुछ तो शूल हैं,
जो चुभते हर पल हैं,
अरिहा बनना घर-घर है।
अब वक्त से प्रखर......
जल से भी तू नम है,
वायु से और ठनी है।
पर थल को क्यों दुश्मनी है?
अब सबसे परे उसूल है,
जो ठान ले अगर है।
अब वक्त से प्रखर......

— वन्दना जाधव

तितलियाँ

अच्छा लगता है मुझे, देख तुम्हें मुस्काते,
देखती हूं तुम्हें चुपके से,
हर हरकत पर नजर रहती है।
मस्त पवन सी सरसर करती,
अपने ही अल्हड़पन में खेलती।।

अच्छा मुझे तब भी लगता है,
जब लगती हो तुम प्रार्थना की कतार में।
शीघ्र घर पहुँचने का प्रण लेकर,
बस्ते रख आती हो बीच द्वार में।
छुपा लेती हूं मैं भी थैले,
दे देती हूं नहले पे दहले।।

अच्छा मुझे तब भी लगता है,
जीत लाती हो कोई ईनाम।
फूली नही समाती मैं भी,
हो जाता मुझे अभिमान।
संग तुम्हारे उड़ना भी,
कमतर नही किसी तितली से।
रंग-बिरंगे पँख लेकर,
नई सोच और नए विहान में।।

☙ वन्दना जाधव

बृजबाला गुप्ता 'अर्चना'

पति	– श्यामबाबू गुप्ता
पिता	– मदन मोहन गुप्ता
माता	– कौशल्या देवी गुप्ता
जन्मतिथि	– 23/07/1962
जन्मस्थान	– ग्राम जीरापुर, जिला राजगढ़(ब्यावरा), मध्यप्रदेश
वर्तमान निवास	– 7 बी शिक्षक नगर, एरोड्रम रोड, इंदौर, मध्यप्रदेश
शिक्षा	– बी.एस.सी .(बायो .), एम.ए .(अर्थशास्त्र), बी.एड ., आयुर्वेद रत्न
पद	– सहायक शिक्षक
कार्यरत संस्था	– शा0 मा0 विद्यालय, हुजूरगंज, इंदौर, मध्यप्रदेश
संपर्क सूत्र	– 9827293909
विधा	– गद्य और पद्य
अनुभव	– बचपन से ही लिखने का शौक है।
प्रकाशित पुस्तकें	– किलकारी एवम गणित ज्ञान गंगा (साझा संकलन)
प्रकाशन	– नेवज पत्रिका, युगप्रभात एवं विनय उजाला समाचार पत्र में कवितायें, लघुकथा और कहानियाँ प्रकाशित।

नारी

नारी तू हिम्मत वाली है,
तुझसे ही दुनिया सारी है।
तू माता है, तू बहना है,
तू संगिनी, तू ही सहेली है।
सुबह-शाम तुझसे ही होती,
फिर क्यों तू दुखियारी है।
तू ही लक्ष्मी, तू ही दुर्गा,
गौरी की अवतारी है।
असुर मुक्त ये धरा बनाई,
फिर क्यों इनसे हारी है?
जन्म दिया मर्दों को तूने,
नौ माह कोख में रखा है।
आँचल का दूध पिलाकर,
ममता की छाँव में रक्खा है।
आए दिन क्यों भूखे भेड़िये,
आँचल को छलनी करते हैं?
दाँत गड़ा कर सीने में,
अस्मिता को कलुषित करते हैं।
सबल, समर्थ और सक्षम हो गई,
अब ज़ुल्म न सहेगी नारियाँ।
राहें जटिल, कठिन हो मुश्किल,
अपना मुकाम बनाएगी नारियाँ।

बृजबाला गुप्ता

नारी की मर्यादा

नारी हूं मैं, हूँ मादा,
जानती हूं अपनी मर्यादा।

करती हूं मैं नित चिंतन,
कभी थोड़ा कभी ज्यादा।

कायदो की हूं मैं पक्की,
पूरा करती हूं हर वादा।

बड़े, बूढ़े और बच्चों का,
रखती हूं मैं ध्यान सदा।

मुश्किल घड़ी आ जाए,
तो बन जाती ढाल सदा।

अतिथि अपना हो या पराया,
करती हूँ सत्कार सदा।

बृजबाला गुप्ता

नारी की क्षमता

सहा बहुत अपमान अभी तक,
अब ना सहने वाली है।
हर क्षेत्र में अपनी लड़ाई,
नारी खुद लड़ने वाली है।

तोड़ पुरानी जंजीरों को,
आगे बढ़ने वाली है।
हर मंजिल को पाने की
मन में इसने ठानी है।

नए दौर में निज बूते नारी,
आगे बढ़ने वाली है।
हर निर्णय को लेने में,
वह सक्षम होने वाली है।

होकर शिक्षित देश समाज को,
आगे बढ़ाने वाली है।
मानो या ना मानो तुम,
खुद का हक लेने वाली है।

कुरीतियों की तोड़ दीवारें,
सबला हो गई नारियाँ।
पहले जैसी पर्दे की रानी,
नहीं रही अब नारियाँ।

✍ बृजबाला गुप्ता

अजन्मी बेटी

आज भारत जा रहा है इक्कीसवीं सदी की ओर,
ऐसे में भी महिलाएं क्यों करती बेटे पर जोर।
ओ देश की बहनों मेरी, क्यों समझा बेटी को धूल,
तुम भी हो बेटी किसी की, क्यों जाती हो भूल।
बेटी भी कम नहीं होती है किसी बात में,
इंदिरा भी तो बेटी थी देश संभाला हर हाल में।
रानी लक्ष्मीबाई बेटी थी गोरों को मार भगाया,
अहिल्याबाई बेटी थी होलकर राज्य संभाला।
दुर्गावती, चांदबाई, जूही, सरोजिनी हुई जिस देश में,
उसी देश की तुम भी हो रख लो तुम यह ध्यान में।
क्यों अपनी अजन्मी बेटी को कोख में देती हो मार,
आने दो उसको दुनिया में करने दो दुनिया का दीदार।
हर मुश्किल में आगे आए ऐसा दो तुम उसको प्यार,
फिर देखो इस दुनिया के साथ कैसे करती कदमताल।
सुन लो बहनों देकर ध्यान तुम मेरी यह बात,
आने दो बेटी को जग में मत करवाओ गर्भपात।
मत करवाओ गर्भपात.................

बृजबाला गुप्ता

रीना कुमारी

माता	–	श्रीमती भागवती देवी
पिता	–	श्री बत्तू सिंह
जन्मतिथि	–	01 मई 1987
जन्म स्थान	–	जिला– बुलंदशहर, उत्तर प्रदेश
शिक्षा	–	परास्तानक (राजनीति शास्त्र) , बीएड, विशिष्ट बीटीसी
पद	–	सहायक अध्यापिका/शिक्षक संकुल
कार्यरत	–	उ0 प्रा0 वि0 सिसाना
संपर्क सूत्र	–	9643700125
विद्या	–	गद्य एवं पद्य

अनुभव – मिशन शिक्षण संवाद पर सौ से अधिक कविताएं लिखी इसके साथ साहित्य के क्षेत्र में भी कई बाल कहानियां भी लिखी। यूएसए में होस्टन यूनिवर्सिटी द्वारा आयोजित आजादी का अमृत महोत्सव में 2 अक्टूबर पर कविता का चयन और प्रस्तुति।

लक्ष्य – बच्चों को नित नये प्रयासों से शिक्षित करूं। हर विद्यार्थी पढ़ाई–लिखाई को बोझ ना समझे अपितु लग्न और आनंद से पढ़े।

आत्मरक्षा

मुझे बचाकर पढ़ाकर तो देखो,
तुम स्वयं मेरे अस्तित्व का सराहोगे।
जब देखोगे मेरे सच्चे स्वरूप को,
मेरे होने से तुम सब गर्वित हो जाओगे।

मेरी कमजोरियों को ताकत बना,
जब मेरी ढाल बन जाओगे।
मैं भी नहीं जरा भी बेटो से कम,
ये बात तुम सभी जान जाओगे।।

जब सूरज सी बनकर चमकूंगी,
मेरी रोशनी का नूर बिखरा पाओगे।
थक जाओगे जब ज़िंदगी के सफर में,
तब मुझे ही हर रूप में निखरा पाओगे।

बेटी बचाओ बेटी पढ़ाओ जैसे,
सिर्फ नारे ही हम नहीं लगाएंगे।
बेटा–बेटी हो एक समान जहां में,
प्रण करे मिलकर एक ऐसा समाज बनाएंगे

रीना कुमारी

मिशन शक्ति

मिशन शक्ति अभियान को हम सभी,
एक ऐसे उत्सव के रूप में मनाएंगे।
बालिकाओं के साथ बालकों को भी,
मिशन शक्ति में भागीदार बनायेंगे।।

दोनों ही हैं हमारा आने वाला कल,
बालिकाएँ शक्ति हैं तो बालक हैं संबल।
बालक भी हैं मिशन शक्ति का आधार,
ये भी बनेंगे भावी पीढ़ी के सूत्रधार।।

माता, बहन, संगिनी और सखी सभी के प्रति,
आदर सत्कार का भाव हमें जगाना हैं।
मिशन शक्ति को बस उत्तर प्रदेश ही नहीं,
भारत के हर कोने–कोने तक पहुंचाना है।।

बालिकाओं और महिलाओं में,
ये आत्मविश्वास हमें जगाना है।
उन्हें भी मिले बराबर के अधिकार
समाज में सम्मान उन्हें दिलवाना हैं।।

रीना कुमारी

बेटी बचाओ-बेटी पढ़ाओ

संयुक्त राष्ट्र द्वारा घोषित विशेष दिन,
11 अक्टूबर को प्रतिवर्ष आता है।
जिसे पूरा विश्व मिलकर अंतरराष्ट्रीय,
बालिका दिवस के रूप में मनाता है।।

हमारी आवाज और हमारा समान भविष्य,
इस बार की टीम बनाई गई है।
छोटी–छोटी बालिकाएँ आज पूरे विश्व को,
एक मार्ग दिखाने का प्रयास कर रही है।।

इस विशेष दिवस को मनाने का उद्देश्य,
विश्व की सभी बालिकाओं को समझाना है।
उन्हें भविष्य की चुनौतियों और उनके,
अधिकारों के बारे में जागरूक बनाना है।।

बालिकाओं को हम सभी को मिलकर,
शारीरिक मानसिक आर्थिक रूप से समृद्ध बनाना है।
समाज में फैली कुरीतियों को उन्हें बचाकर,
सभी को बराबर का हक दिलवाना है।।

हम सभी बालिकाओं के सशक्तिकरण,
के लिए विशेष अभियान चला रहे हैं।
बेटी बचाओ-बेटी पढ़ाओ मीना मंच, मिशन शक्ति,
द्वारा समाज में उनकी भागीदारी को बढ़ा रहे हैं।।

रीना कुमारी

बेटी

आज भी इस समाज में,

इस सदी इस राज में,

लड़की या लड़का,

जब भी यह प्रश्न उठता?

मैं रह जाती हूँ हैरान,

क्या बेटों से ही है सारी शान?

क्या हैं वो सब मान के हकदार,

जो बन नहीं सकते मेरे पहरेदार।

जब भी माता पिता कराते लिंग की जाँच,

अंदर बैठी मैं विचलित हो जाती।

जैसे आने को है मेरे अस्तित्व पर आँच,

कुल का नाम चले बेटों से,

जबकि कुल की लाज बचे बेटी से,

फिर क्यूं मुझे आगे बढ़ने से,

रोकते हो अपने प्रश्नों से,

मुझे भी मौका देकर देखो,

कैसे पंख फैलाऊंगी।

कल्पना चावला किरण बेदी बन,

खूब नाम रोशन कराऊंगी।।

रीना कुमारी

डा0 भारती वर्मा बौड़ाई

माता का नाम	–	श्रीमती कमला वर्मा
पिता का नाम	–	श्री बाबूराम वर्मा
पति का नाम	–	राकेश आनंद बौड़ाई
वर्तमान पता	–	95, ब्लॉक–H (एच),दिव्य विहार, डाँडा धर्मपुर, डाकघर नेहरूग्राम, देहरादून–248001 (उत्तराखंड)
शिक्षा	–	एम0ए0, बीएड0, डी0 फिल0 (शोध द्वारा– गद्यकार बच्चन : एक आलोचनात्मक अध्ययन– विषय पर)
कार्य क्षेत्र	–	कविता, लेख, संस्मरण, कहानी, लघुकथा, वर्ण पिरामिड, हाइकु, मुक्तक, घनाक्षरी, ताँका, मनका, सेदोका, सायली, समीक्षा, पत्र विधा आदि।
सामाजिक क्षेत्र	–	अपने पति के 'अविराम प्रवाह' चैरिटेबल ट्रस्ट के किए जा रहे सेवा कार्यों में सहयोग
ईमेल	–	bharati.bourai007@gmail.com
प्रकाशित पुस्तकें	–	14 एकल पुस्तकें
संपादन	–	प्रवाह (विद्यालय पत्रिका)। आदर्श कौमुदी (मासिक पत्रिका बिजनौर) के गंगा विशेषांक का संपादन। माँ (साझा संस्मरण आलेख संग्रह) ई बुक, साहित्य संगम संस्थान 2020। मेरे पिता :मेरे आदर्श (साझा संस्मरण आलेख संग्रह) ई बुक साहित्य संगम संस्थान 2020
अनुवाद	–	डॉ.रमण शांडिल्य, संपादक–अरुण नागरी (त्रैमासिक), की बज्जिका कविताओं का अनुवाद 'सदभावना दर्पण' (मध्यप्रदेश) और 'अंचल भारती' में प्रकाशित।

बहुत डर चुके

बहुत डर चुके
इस निर्दयी संसार से
अब तो
अपनी शक्ति/ प्रतिभा से
इसे आश्चर्यचकित करने का
समय आ गया है,
जीवन के
हर क्षेत्र में
कदम रख चुकी बेटियाँ
यह सिद्ध करने में
अब पीछे नहीं हैं
बेटे हैं घर के प्राण तो
घर की आत्मा हैं बेटियाँ,
हम बचेंगी/ बढ़ेंगी/ पढ़ेंगी
देश हित सर्वस्व अर्पण करेंगी
हम बेटियाँ….!!!!

✍ डा0 भारती वर्मा बौड़ाई

क्षण गौरव का

क्षण
गौरव का
पूरे देश के लिए
हिमा दास ने दिलाया
राष्ट्र को छठा स्वर्ण पदक!
बेटियाँ
शहर की हों
या गाँव की
पहाड़ की हों
या मैदान की
अवसर मिलते ही
अपने भगीरथ परिश्रम से
रच देती हैं इतिहास
हमें तुम पर गर्व है हिमा दास!
तुम अभिमान राष्ट्र का
तुम सम्मान नारी का हिमा दास!
तुम श्रेष्ठ धाविका हिमा दास!
अब रुकना नहीं हिमा दास!

डा० भारती वर्मा बौड़ाई

सृजन शक्तियाँ

खोल दो
अपने मन के
हर दरवाजे और
बंद खिड़कियाँ,
झाड़ दो उन पर
बरसों से जमी धूल,
आने दो ताजी हवा
होने दो सुवासित
अपने तन-मन का
कोना-कोना,
तभी तो दिखेंगे
प्रगति के शिखर की ओर
चलते/बढ़ते और
उन तक पहुँचते कदम,
इन्हीं में मिलाने हैं
अपने कदम,
असंभव को संभव करने की,
आज नहीं अछूता
कोई क्षेत्र जहाँ
लिखा न हो अध्याय
अपनी सफलता का तुमने
यात्रा अनवरत रहे
अपने देश के नव निर्माण की
तुम/हम ही तो हैं
सृजन शक्तियाँ....!!!!

डा0 भारती वर्मा बौड़ाई

मैं नव विहान हूँ

मेरी ओर
बढ़ते हुए ये
असंख्य राक्षसी हाथ!
पर नहीं कोई
हाथ ऐसा
जो रक्षा के लिए
उठता दिखे,
पर नहीं
किंचित भी
भयभीत मैं!
मेरे दोनों हाथ
समर्थ हैं पूर्णतया
मेरे लिए,
अब कितने भी
उठें वहशी हाथ मेरी ओर
तोड़ डालूँगी उन्हें स्वयं
करूँगी अब न्याय स्वयं
क्योंकि मैं समर्थ
और शक्तिवान हूँ
मैं नव विहान हूँ।

डा० भारती वर्मा बौड़ाई

इला सिंह

व्यक्तिगत परिचय

पिता	–	श्री राजेश सिंह सेंगर
माता	–	श्रीमती सीमा सिंह सेंगर
पद	–	सहायक अध्यापक
कार्यक्षेत्र	–	कम्पोजिट विधालय पनेरूवा, अमौली, फतेहपुर, उत्तर प्रदेश।
शिक्षा	–	बी.ए., एम.ए., बी.एड.
निवास	–	कानपुर नगर , उत्तर प्रदेश।
सम्मान	–	उत्कृष्ट शिक्षक सम्मान (2019)
		नवाचार प्रशस्ति पत्र (अरबिंदो सोसायटी)
		शिक्षक सम्मान (2020)
		मिशन शक्ति में योगदान हेतु प्रशस्ति पत्र।
		उत्कृष्ट शिक्षक सम्मान (2021)

आज की नारी

मै आज की नारी हूँ,
मुश्किल से नही हारी हूँ।
चाहे कितनी बाधाएँ आयें,
हर बाधा पार कर जाऊँगी।।

मै आज की नारी हूँ,
आत्मविश्वास से भरी हूँ।
तोड़ के जंजीरे रख दूँगी,
जुल्म ना अब मै सहन करूँगी।।

मै आज की नारी हूँ,
हर जुल्म पर भारी हूँ।
ना समझो मुझको अबला,
मै हूँ सक्षम सबला।।

मै आज की नारी हूँ,
इरादों से नही हारी हूँ।
माँग रही हूँ अपने अधिकार,
पंख पसार कर उड़ जाऊँगी।।

मै आज की नारी हूँ,
गगन पर मै छयी हूँ।
सदियों की दास्तान के बाद,
अपने अस्तित्व को समझ पायी हूँ।।

इला सिंह

अनेक रूप वाली नारी

मै हूँ नारी अनेक रूप वाली।
मेरी रचना की मिट्टी है अनोखी।।
कभी शोलों से टकराती हूँ।
कभी शीतल धारा बन जाती हूँ।।
कभी जोत बनकर रोशनी फैलाती हूँ।
कभी खुद अधंकार मे खो जाती हूँ।।
कभी फूल बनकर घर महकाती हूँ।
खुद काँटो की चुभन सहन करती हूँ।।
नारी से घर मंदिर बन जाता है।
ना होने से वीरान जंगल बन जाता है।।
अपनो के लिए ढाल बन जाती हूँ।
कभी अपनो से ही ठुकराई जाती हूँ।।
मेरे बिना यह सृष्टि है बिल्कुल अधूरी।
कोई नही कर सकता मेरी कमी पूरी।।
फिर भी मेरे अस्तित्व को नकारा गया।
हमेशा इसको कम ही आंका गया।।
चाहे मिले ना मुझको पूरे मेरे अधिकार।
फिर भी करूँगी अपने अस्तित्व को साकार।।

इला सिंह

परिवर्तित नारी

युगों बाद नारी का रूप हमने,
परिवर्तित, प्रफुल्लित देखा है ।
सदियों से जो चक्की पीसती थी,
उसे आज उद्योग चलाते देखा है ।।

पाठशाला को जो अब तक,
दूर से ही निहारती रहती थी,
उसे आज शिक्षिका बनकर,
ज्ञान का दीप जलाते देखा है ।।

जो युगो से प्रताड़ित होकर,
अन्याय सहकर सिसकती थी ।
उसे आज न्याय के मंदिर मे,
न्याय सुनाते सबने देखा है ।।

आज हर रूप मे बदली नारी,
ऊँची ऊँची उड़ान भर रही है ।
समय-चक्र के साथ चलकर,
अपने सपनो को पंख दे रही ।।

      इला सिंह

अस्तित्व बनाना पड़ेगा

मुश्किलो की मँझधार मे,
खुद ही तुम्हें जूझना पडेग़ा।
मत करो माझी का इंतजार,
खुद ही खिवैया बनना होगा।।

गुमनामी की अँधेरी गलियों से,
खुद ही तुम्हे निकलना पडेगा।
ना करो तुम रोशनी की उम्मीद,
खुद ही चिराग बनना पडेग़ा।।

घायल होती आत्मा दर्द में,
दर्द तुम्हें खुद मिटाना पडेग़ा।
मत करो हमदर्दी की उम्मीद,
खुद ही मलहम लगाना पडेग़ा।।

नही हो तुम लाचार अबला,
सोच को खुद बदलना होगा।
नही आयेगा कोई संवारने तुम्हे,
अपना अस्तित्व खुद बचाना होगा।।

इला सिंह

डा0 सुमन रानी अग्रवाल

व्यक्तिगत परिचय

जन्म	– 6 सितम्बर, 1977 (मथुरा, उत्तर प्रदेश)
शिक्षा	– बी.एस.सी, एम.ए. (अंग्रेजी, शिक्षाशास्त्र), बी.टी.सी., पी-एचडी. (अंग्रेजी),पी.जी.जे एम सी
सम्प्रति	– अध्यापन (प्रधानाध्यापिका शिवा प्राथमिक पाठशाला, नगर क्षेत्र, हापुड़)/महामंत्री उत्तर प्रदेश महिला शिक्षक संघ
गतिविधियाँ	– (क) बाल कविता के लगभग बारह फोल्डर प्रकाशित एवं चर्चित, (ख)हापुड़ व गाजियाबाद जनपद के प्रमुख समाचार पत्रों– 'दैनिक मनस्वी वाणी', 'हापुड़ उदय', 'दैनिक विधान केसरी', 'दैनिक व्यापार समाचार' के बाल साहित्य पृष्ठ में प्रकाशन।(ग)हिंदी की श्रेष्ठ पत्र-पत्रिकाओं में प्रकाशन।(घ)अनेक साहित्यिक, सामाजिक और सांस्कृतिक संस्थाओं द्वारा सम्मानित
सम्मान व पुरस्कृत	– 1)'शिक्षक श्री सम्मान' (श्री मनीष सिसोदिया, उपमुख्यमंत्री व शिक्षा मंत्री दिल्ली व दिल्ली विधानसभा अध्यक्ष श्री राम निवास गोयल द्वारा), 2) मिशन शक्ति में विशेष योगदान के लिए सदर विधायक और जिला मजिस्ट्रेट हापुड़ द्वारा सम्मान, 3)शिक्षा के क्षेत्र में आई सी टी के प्रयोग के लिए राज्य स्तर पर बेसिक शिक्षा विभाग लखनऊ से 2020 में सम्मान, 4)नवाचारों के प्रयोग के लिए उत्कृष्ट शिक्षक सम्मान।
मोबाइल	– 9897857714, 9837291510
संपर्क	– 41, जवाहर गंज, हापुड़ – 245101 (उत्तर प्रदेश)

नारी जीवन में कई फर्ज़ निभाती है

एक नारी जीवन मे कई फर्ज़ निभाती है,

कभी माँ, कभी बहन, तो कभी बीबी बनकर,

पुरुष के जीवन को महकाती है।

माँ बनकर ममता की बौछार लगाती है,

रात भर सिरहाने बैठ बीमार बच्चे का माथा सहलाती है,

एक नारी माँ बनकर ममत्त्व का हर फर्ज़ निभाती है।

बहन बनकर कितना स्नेह लुटाती है,

भाई की हर मुश्किल में साथ खड़ी हो जाती है,

बहन के प्यार से भाई की झोली खुशियों से भर जाती है।

बेटी बनकर माता-पिता की शान बढ़ाती है,

उनके दुःख दर्द में बेटों से पहले खड़ी नज़र आती है,

अपनी छोटी-छोटी अठखेलियों से,

माता-पिता के दिल की धड़कन बन जाती है।

पत्नी बनकर हिसाब से घर चलाती है,

कदम-कदम पर पति का साथ निभाती है,

और चुनौतियों का सामना कर उसकी

जीवन रूपी बगिया को खुशियों की कलियों से महकाती है।

अपने जीवन को औरो की ख़ातिर समर्पित कर,

हर परिस्थिति में खुशियाँ लुटाती है,

कठिन समय में काली और प्रेम में राधा बन जाती है।

इसलिए देवता भी नतमस्तक हो जाते हैं,

और देवो से पहले देवी को शीश झुकाते हैं।

एक नारी जीवन में कई फर्ज़ निभाती है,

हर रूप में पुरुष के जीवन को महकाती है।

❧ डा० सुमन रानी अग्रवाल

माँ कुदरत की अद्भुत रचना

माँ तो माँ है जिसके जैसा संसार में कोई और नहीं।

माँ ही आदि है और माँ ही अंत है जिसमें ब्रह्माण्ड समाया है,

माँ ने ही अपने मातृत्व से हमारे जीवन को महकाया है।

आज हम जो है, जहाँ है,

इस कामयाबी तक माँ ने ही हमें पहुँचाया है।

माँ तो माँ बनकर हर फर्ज़ निभाती है,

लेकिन हर संतान कहाँ समझ पाती है,

इसलिए ही तो कुछ माँयें वृद्धा आश्रम में रो-रो कर समय बिताती हैं।

हमारी हर साँस हर धड़कन माँ की ऋणी है,

जिसके बिना जीवन संभव नहीं है,

काश माँ के लिए थोड़ा भी हम कुछ कर पाएँ,

उनके इस प्यार के बदले थोड़ा सा प्यार उन्हें दे जाएँ।

माँ को जो थोड़ी सी खुशियाँ दे पाते हैं,

वही एक अच्छी संतान होने का धर्म निभाते हैं।

आज इस मातृत्व दिवस पर यही है दुआ,

काश इस धरती पर कोई माँ खुशियों को न तरसे,

सभी संतान अपनी मां को वो हक दे जिसकी वो हकदार है,

क्योंकि ये समझ लो माँ की दुआयों के बिना ये जीवन बेकार है।

डा० सुमन रानी अग्रवाल

हमारी प्यारी बेटियाँ

कुदरत का उपहार होती हैं बेटियाँ,

देश और समाज का अभिमान होती है बेटियाँ।

बहुत छोटा सा सफ़र होता है बेटियों के साथ,

बहुत कम वक्त के लिये वह होती हैं हमारे पास...!

असीम प्यार पाने की हकदार होती हैं बेटियाँ,

समझो तो भगवान का वरदान होती हैं बेटियाँ।

पढ़ी-लिखी बेटियों पर ही टिकी होती हैं परिवार, समाज और देश की उम्मीदें सारी।

शिक्षा रूपी हथियार से ही बेटियों ने हर क्षेत्र में बाजी मारी।

अपनी सारी भूमिकाओं को ईमानदारी से निभा रही हैं बेटियाँ,

देश और समाज को सुदृढ़ बना रही है बेटियाँ।

अपने हुनर से दुनिया को जगमगा रही हैं बेटियाँ,

शिक्षा से खुद की पहचान बना रही है बेटियाँ।

अमेरिका से देश के लिए ऑस्कर तक ला रही है बेटियाँ।

शिक्षा पर अगर न होता विश्वास,

न हो पाती जागरूक, न हो पाता विकास।

न मिल पाता जीवन का अधिकार,

और न कर पाती देश का उद्धार।

खत्म होगी पुरुषों पर निर्भरता,

खत्म होगी शिक्षा से निर्धनता।

इस धरती को स्वर्ग बनाएँगी बेटियाँ,

सदा देश का मान बढ़ाएँगी बेटियाँ।

डा० सुमन रानी अग्रवाल

आज की नारी, हम सब की प्यारी

आज की नारी, हम सब की प्यारी,
बचपन से ही होती है वह समझदार व संस्कारी।
न होती है वो बेचारी और न उसके पास होती है रिश्तों की बेशुमारी,
फिर भी आज की नारी ने जीवन के हर क्षेत्र में बाज़ी मारी।

नारी में होता है गज़ब का आत्मबल,
पुरुषों की तरह करती है दंगल,
विश्व मे देश का परचम लहराती है,
और देश के लिए स्वर्ण पदक जीत कर लाती है।

मुसीबत में अबला नही सबला वो बन जाती है,
देश के सम्मान की खातिर सीमा पर स्वाभिमानी और रणचंडी बनकर,
दुश्मन को सभ्यता का पाठ पढ़ाती है।

वही नारी अपनी ममता बरसाकर घर आँगन में प्यार के दीप जलाती है।
लक्ष्मी-सरस्वती-दुर्गा-काली बनकर, समाज को सुदृढ़ बनाती है।
अपने गुणों से आज की नारी, सब की प्यारी बन जाती है।

हॉकी, क्रिकेट हो या फिर हो मुक्केबाजी,
कुश्ती, टेनिस हो या फिर हो तीरंदाजी,
विद्या हो या हो गृहविद्या हर क्षेत्र में दिखती है इनकी जाँबाजी,
इसलिए आज की नारी है हम सब की प्यारी।
गौरव है नारी, सम्मान है नारी,
इस जग-जहांन की जान है नारी।

✎ डा० सुमन रानी अग्रवाल

प्रेमलता विश्वकर्मा

व्यक्तिगत परिचय

शिक्षा	– एम.ए, बी.एड
संप्रति	– सहायक अध्यापिका
कार्यरत	– कम्पोजिट विद्यालय हुलासखेड़ा, लखनऊ
प्रकाशित कृतियाँ	– विभिन्न पत्र–पत्रिकाओं एवं साझा संग्रहों में रचनाएँ प्रकाशित
सम्मान	– विभिन्न साहित्यिक संस्थाओ द्वारा प्रदत्त सम्मान
पता	– लखनऊ, उत्तरप्रदेश
मोबाइल नंबर	– 7007022504, 9795191146

सुलझ गई मेरी पहेली

कैसा भयानक मंजर था, एक खौफ था मन के अन्दर में,
ये व्यथा किसे बतलाऊँ मैं, गोते लगा रहा था मन समन्दर में।
ऐसी स्थिति, मन हैरान, विस्मय, परेशान,
कैसे करूँ मैं इस समस्या का निदान।
मैंने बहुत छुपाया, लेकिन माँ नही थी अनजान,
बंद कमरे में डाल दिया, जैसे कोई बंदी समान।
किसी के सामने मत आना, न पाये कोई तुम्हे पहचान,
शिक्षिका मेरी घर पर आई, बनकर मेरे लिए भगवान,
मुझको समझाया प्यार से, माँ को भी दिया माहवारी का ज्ञान।
हर महीने में 3 से 5 दिन तक रहेंगे साथ ये मेहमान,
घबराने की कोई बात नहीं, बस रखो तुम साफ-सफाई का ध्यान।
स्वच्छ कपड़े या पैड का प्रयोग कर, करो उसका उचित निपटान,
शर्म की बात नहीं, ये तो है प्राकृतिक प्रावधान।
मेरी पहेली सुलझ गई, माँ को भी मिल गया था ज्ञान,
शरीर में परिवर्तन जब होते, बच्चे होते इनसे अनजान,
सही सीख देकर तुम उनको, बन जाओ तुम नेक इंसान।

प्रेमलता विश्वकर्मा

बेटी देती दुहाई

बचपन मे मेरी करके सगाई,

कैसे खुश है तू मेरी माई।

बिन सोचें समझे, मेरी छुड़ा दी पढ़ाई,

पढ़ना-लिखना तो दूर, खेल-कूद भी मैं न पाई।

साथी-संगी सब दूर हो गये, छूट गया मेरा छोटा भाई।

कैसे बताऊँ, किसको बताऊं, मैं तो कुछ समझ न पाई।

मेरी बस इतनी गलती कि मैं बेटी बन तेरी कोख में आई।

तूने भाई को दिल से अपनाया, पर मैं रही हमेशा पराई।

मेरा मन है टूटा-टूटा, पर तू बाँटे खुश होकर मिठाई।

आँखें सजल हैं मेरी लेकिन होठों पर मुस्कान बिखराई।

पिता का मान बढ़ाना मुझको, मैं चाह कर भी मना न कर पाई।

मैं चाहती हूँ पढ़ना आगे, पर तुम चाहती हो मेरी विदाई।

बचपन मुझको जी लेने दो, देती हर बेटी ये दुहाई।

— प्रेमलता विश्वकर्मा

दहेज एक कुप्रथा

दहेज की बात कहाँ से आई?

किसने ये गन्दी प्रथा बनाई?

कौन इसको बढ़ा रहा है? इसका समर्थन जता रहा है?

माँ बाप किससे करें गुहार? कैसे रोकें ये अत्याचार?

दहेज न देने से बेटी हो जायेगी परेशान।

घर-बार बेंच माँ-बाप दिखाते झूठी शान।

ऐसा करने से क्या दहेज की माँग रुक जायेगी?

ये न रुकने वाली, ज़िन्दगी भले ही थम जायेगी।

माँग तो औरत ही करती है, पुरुष कहाँ करता है माँग।

औरत अगर ठान ले तो, न होगा किसी औरत का अपमान।

सास अगर माँ बनकर सोचे तो बहू से न करे दहेज की माँग।

बहू भी बेटी बनकर आये, समझे अपनी भी पहचान।

पढ़ी-लिखी बहू खुद होती है, दहेज का अनोखा वरदान।

इस बात से सभी परिचित हैं फिर भी बन जाते अनजान।

पढ़ी-लिखी बहू-बेटी ही रोशन करती दो खानदान।

मायके के साथ-साथ, ससुराल का भी बढ़ता सम्मान।

प्रेमलता विश्वकर्मा

हेल्पलाइन नम्बर्स

घरेलू हिंसा, बच्चों के साथ होने वाला दुराचार।

छेड़छाड़, सेफ-अनसेफ टच, औरतों पर अत्याचार।

अपराधों को रोकें हम कैसे, किससे जाकर करें पुकार?

कौन हमारी बात सुनेगा, किसको दें हम ये अधिकार?

क्या ये अपराध यूं ही चलेंगे, न मिलेगा कोई हमको आधार।

आओ हम सब हेल्पलाइन नम्बर्स के बारे में,

जानें और इस पर करें विचार.........

1098- बाल सुरक्षा से सम्बन्धित।

1090- महिला हेल्पलाइन निर्धारित।

108 – स्वास्थ्य एवं एम्बुलेंस सेवा के लिए प्रसारित।

112 – पुलिस कंट्रोल रुम के लिए प्रस्तावित।

101 – फॉयर ब्रिगेड झट से बुलाओ।

1076- अपनी शिकायत मुख्यमंत्री जी तक पहुँचाओ।

इनको जानो, इनको समझो, इनसे ही जीवन का सार।

अपराधिक प्रवृत्ति को रोकें, ये दिलाये चैन-करार।

याद रखो ये नम्बर सारे, नम्बर्स के बनो जानकार।

अपना जीवन सुरक्षित बनाओ, करके इनको तुम स्वीकार।

नम्बर लगाओ, सुरक्षा पाओ, सुरक्षित बनाओ देश सरकार।

✎ प्रेमलता विश्वकर्मा

मीना वाजपेयी

पद   – प्रधानाध्यापक
कार्यरत   – कम्पोजिट विद्यालय हसवा, जनपद फतेहपुर, उत्तर प्रदेश।
निवास   – कलक्टरगंज, जनपद– फतेहपुर, उत्तर प्रदेश।
विधा   – गद्य एवं पद्य
प्रकाशित संकलन – नन्ही दुनिया का जादुई सफर (बाल काव्य), अंतर्मन की गूँज, किलकारी (बाल कहानी संग्रह), तथा आदिकाल, इंदौर समाचार पत्र आदि विभिन्न समाचार पत्रों एवं पत्रिकाओं में लेख एवं कविताएं प्रकाशित।

नारी शक्ति

दिव्य शक्ति की रचना हो तुम,
सृष्टि-सृजन की गरिमा भी,
मां- बहन की स्नेहमयी रूप में,
लोक- लाज तेरा गहना है।
माथे के ओस कणों से भीगी,
प्रकृति के नित नई कोंपल सी,
अविचल अचलागामी हो,
ओलंपिक खेलो में भी बाजी मारी है।
जागृति जैसी बेटी ने भी,
आईएएस बन सम्मान दिया,
अब समय है रूप परिमार्जन का,
पारस मणि अब बन जाओ।
कोई बेटी ना अनपढ़ रहे धरा पर,
ना ही कदम हो डगमग- डगमग,
एक स्वस्थ समाज बनाने में,
सदा सभी दृढ़ संकल्पित हों।
मोदी जी ने शंखनाद किया है,
महिलाओं को मजबूत बनाने का,
बेटी लें बढ़-चढ़ कर हिस्सा,
भारत को विश्व विजयी बनाने का।

मीना वाजपेयी

नारी शक्ति का पर्याय

नारी नहीं तुम आदिशक्ति हो,
परिवार की उज्जवल धारा भी,
अभ्युदय हो रहा तीव्र गति से,
बुलंदियों पर अस्तित्व तुम्हारा है।
गुरु गोविंद, अब्दुल कलाम आदि,
महापुरुषों को तुमने जन्म दिया,
मां अन्नपूर्णा रूप में तुम,
परिवार का पोषण करती हो।
पत्नी रूप में प्रेरणा बनकर,
कर्तव्य पथ पर चलती हो,
बहन रूप में भाई के जीवन में,
सरल सरस रस भरती हो।
पुत्री रूप में निश्छल भाव से,
परिवार में खुशियाँ लाती हो,
जब किया किसी ने चीर हरण,
चंडी का रूप धर लेती हो।
नारी नहीं तुम बलिदान की देवी,
शक्ति रूपेण पुकारा जाता है,
सहनशील विद्या रूप में,
मंदिरों में पूजा जाता है।

✍ मीना वाजपेयी